浙江省社会科学界联合会社科普及重点课题成果

图解

侵权责任法

刘一展◎编著

浙江工商大学出版社

图书在版编目(CIP)数据

图解侵权责任法 / 刘一展编著. — 杭州:浙江工
商大学出版社,2012.4(2013.11 重印)
ISBN 978-7-81140-461-6

Ⅰ.①图… Ⅱ.①刘… Ⅲ.①侵权行为－民法－中国
－图解 Ⅳ.①D923－64

中国版本图书馆 CIP 数据核字(2012)第 018438 号

图解侵权责任法

刘一展 编著

责任编辑	刘 韵
责任校对	周敏燕
封面设计	流 云
责任印制	汪 俊
出版发行	浙江工商大学出版社
	(杭州市教工路 198 号 邮政编码 310012)
	(E-mail:zjgsupress@163.com)
	(网址:http://www.zjgsupress.com)
	电话:0571－88904980,88831806(传真)
排 版	杭州朝曦图文设计有限公司
印 刷	杭州杭新印务有限公司
开 本	880mm×1230mm 1/32
印 张	8
字 数	208 千
版 印 次	2012 年 4 月第 1 版 2013 年 11 月第 2 次印刷
书 号	ISBN 978-7-81140-461-6
定 价	28.00 元

前　言

　　2010年7月1日起正式施行的《中华人民共和国侵权责任法》作为"世界上第一部成文法的侵权法"，在我国民法史上具有里程碑式的意义。该法不仅规定了侵权责任法律制度的基本问题，还规定了产品责任、机动车交通事故责任、医疗损害责任、环境污染责任、高度危险责任、动物损害责任和物件损害责任等具体侵权责任类型，使现实生活中大量法律纠纷的解决有了明确的法律依据，向建立更加公平、公正、和谐、稳定的社会关系迈出了坚实的步伐。为此，我们编写了这本用形象的漫画、简洁的语言让普通百姓快速了解《侵权责任法》的科普读物——《图解侵权责任法》。

　　《侵权责任法》的精神内核在于保障私权。它与百姓生活息息相关，为百姓权益提供全方位保护。本书目的就在于为大众提供法律顾问服务。本书编写忠实于《侵权责任法》的立法体例，共十二章，逐章、逐条解读了各法条的立法原意和制度设计。

　　本书在内容选取和结构编排上具有以下两个特点。

　　1. 对每一法条的解读包括四个模块，通过"生活场景"导入，提升"法律智慧"，结合"法条链接"，提供"律师提示"，逻辑清晰、主题明确。"生活场景"将案例生活化，选取典型、真实和实用的案例。"法律智慧"结合法条规定和立法背景，进行法律剖析，让读者了解隐藏于案例背后的法律知识，将《侵权责任法》作为手中的"矛"和"盾"，讲述生活中的"情"和"理"。"法条链接"则引入《侵权责任法》相关条款及其他法律规范，做到"有理更有据"。"律师提示"则对诸如索赔程序、举证责任等具体问题提供法律咨询或相关生活经验提示。

　　2. 利用漫画拉近与读者的距离，在娓娓道来的故事中传递《侵权责任法》的新规则。这样既可减少阅读时的枯燥感，又可以使读者能够更好地领会《侵权责任法》的要旨。

本书作为浙江省社科联科普课题的研究成果，重在科学性和普及性的结合，为普通百姓更好地学习、理解和适用《侵权责任法》提供参考。感谢主要编写人员毛卫民、沈雄杰、方军、刘杰、张海燕和缪龙（漫画）的辛勤付出，由于编者水平有限，疏漏与不当之处在所难免，欢迎广大读者批评指正。

本书中部分漫画作品引用自网络，由于条件所限未能列明出处，在感谢原作者辛勤劳动的同时表示诚挚歉意，望相关作者看到后与编者取得联系，以便再版时补上。

最后祝大家阅读愉快！

作　者
2012 年 1 月

目　录

第一章 一般规定

1. 网络骚扰致人损害时如何认定侵权责任?

生活场景

　　2007 年 11 月 20 日晚,34 岁的王女士与使用"夏夜星空"昵称的高某在 **QQ** 上认识并互加对方为好友。王女士随后还添加了高某妻子朱某的 **QQ**"美丽心情"聊了起来,俨然成了一对好姐妹。渐渐的,朱某开始在聊天中对王女士流露出暧昧的词句,继而将聊天话题引入喜欢王女士、想摸她、亲吻她的话题,最多一个晚上发十几条此类信息。看到王女士不在线,手机关机,就打到其工作单位找王女士。为了减小影响,王女士不得不继续和朱某聊天、发短信、打电话,从而形成恶性循环。

2008年5月,王女士因精神异常在家人陪同下前往脑科医院就诊,检查结果显示王女士患上了心因性忧郁症,自此无法工作。在派出所无法达成调解协议的情况下,王女士于2009年初向南京市鼓楼区法院提起民事诉讼,认为正是由于朱某对自己的"立体骚扰",才导致自己患上了精神疾病,不得不治疗休息,要求朱某赔偿医疗费、误工费、精神抚慰金共计8万余元。庭审中被告朱某辩称,虽然QQ号和手机号码都由其申请注册,但其本人从未用该QQ号和王女士聊过天,手机号码也经常有别的家人使用,朱某甚至不知道王女士是谁。高某也作证,他经常在宿舍使用"美丽心情"这个QQ号,连室友和路过的同事都可以用这个QQ号和王女士聊天。总之被告就是一句话,王女士告错人了。

一审法院经过审理认为,虽然王女士没有提供朱某侵权的直接证据,但其所提供的所有间接证据能相互印证,形成一个完整的证据体系,证明被告朱某曾对原告进行过语言上的骚扰,导致原告精神受到极大刺激。除此之外,原告手机上接收到的侵权短信的内容,可以和QQ聊天记录相印证,因此可以推断发骚扰短信的就是被告本人。2009年9月,法院判定朱某对王女士的侵权事实成立,基本支持了王女士的诉求,判令朱某支付各项赔偿近8万元。朱某不服判定提起上诉。2010年5月,南京市中级人民法院终审维持原判。

法律智慧

一般侵权行为需满足以下要件:(1)有加害行为;(2)有损害事实;(3)加害行为与损害事实之间有因果关系;(4)行为人主观上有过错,但法律规定应当承担侵权责任的除外。朱某对王女士的恶意骚扰行为与王女士的人身和财产损害之间存在因果关系,符合侵权行为的构成要件。法院的判决既明确了朱某的侵权责任、制裁了朱某的侵权行为,也保护了王女士的合法权益,从而促进了社会的和谐与稳定。这正是《侵权责任法》的立法目的。

《侵权责任法》第一条同时也体现了该法的主要社会功能：（1）填补损害，使受害人遭受的损害尽可能地恢复到受害之前的圆满状态；（2）预防损害，通过大量侵权责任规则的规定，让人们能预见到潜在行为的法律后果，在警戒侵权行为人的同时，使其他人吸取侵权行为人的"前车之鉴"，自觉约束自己的行为。

法条链接

《侵权责任法》第一条 为保护民事主体的合法权益，明确侵权责任，预防并制裁侵权行为，促进社会和谐稳定，制定本法。

律师提示

本案是以网络为平台的侵权案件。网络的一个突出特点就是主体的虚拟化。人们可以使用各种化名、昵称与他人交流。一旦侵权人以虚拟的名字实施侵权行为，就使受害人在确定侵权人时变得极其困难。本案中，法院通过对"证据链"的认定以及侵权短信和QQ聊天记录相互印证的事实，推定朱某为侵权人。

人们收集网络聊天证据时，可以通过网络服务商提供的IP地址以及所借助的服务器、上网账号、信息传递路径等，将侵权人与特定人联系起来。至于聊天内容，可以通过网络服务商以拷贝、打印的方式收集，在网络服务商未保存的情况下，可以从聊天者双方电脑记录中收集，并将其以拷贝或打印的方式固定下来。对于被篡改的聊天记录，可以聘请专门技术人员对其进行恢复。此外，申请公证机构将有关证据进行公证固定是获取电子证据的有效途径之一。办理证据保全公证，申请人应提供以下材料：

（1）申请人身份证件。法人申请的，应提供法人资格证明和法定代表人身份证件；代理人代理的，应提供本人的身份证件和授权委托书。

（2）需要保全的证据的有关情况。

（3）保全的证据与申请人在法律上有关的材料、保全证据的目的和用途。

（4）该证据可能灭失或不易保存的证明。

2. "亲吻权"索赔缘何败诉？

生活场景

2001年6月1日22时左右，陶女士正走在家门口附近的马路上，一辆奥拓车迎面向她直冲过来，"嘭"的一声，将她撞倒在地。随后，陶女士被送至医院抢救。经医生诊断，这次车祸造成陶女士上唇裂伤，全身多处软组织挫伤，两颗门牙折断，并引发脑震荡。交警部门查明，肇事司机吴某为酒后驾车，应负事故的全部责任。随后，陶女士一纸诉状递到市人民法院，称事故不仅破坏其身体的完整性，损害了撕咬食物的功能，影响容貌，而且使她不能感受与爱人亲吻的醉人甜蜜，不能感受与女儿亲吻的天伦亲情，认为吴某的行为侵害了她的身体权、健康权、亲吻权、财产权，请求法院判令被告赔礼道歉并赔偿医疗费、护理费、精神损害赔偿共计4万多元。其中令人意外的是，陶女士在赔偿问题上提出了一项特殊的精神损害赔偿，那就是1万元的"亲吻权"赔偿。这个提法瞬间引起轰动，一时间闹得沸沸扬扬。

法院经审理认为：原告嘴唇裂伤，亲吻不能或变成一种痛苦的心理体验，属于情感上的利益损失，当属精神性人格利益。但利益不等于权利，利益并非都能得到司法救济。被告不是以故意违反公序良俗的方式加以侵害，纯因过失而偶致原告唇裂，故对原告不能亲吻的利益损失赔偿精神损害抚慰金1万元的请求不予支持，但被告撞伤原告，致其门牙折断、口唇裂伤，侵犯了原告的身体权、健康权，给原

告造成肉体疼痛和精神痛苦,赔礼道歉不足以抚慰原告,应当依法赔付精神抚慰金。但原告主张 1 万元精神抚慰金数额过高,根据被告的过错程度、原告的损害后果、本市平均生活水平,酌情给付 500 元。最后,法院判决被告赔偿原告住院伙食补助费、残疾用具费、交通费、代理费和精神抚慰金等合计 5134 元。

法律智慧

一切权利必有法律依据,任何一种人格权,都源于法律的确认,即权利法定。陶女士主张"亲吻权"是人格权中细化的一种独立的权利。然而,纵观我国现有的法律、行政法规,均无"亲吻权"之规定,故"亲吻权"的提出于法无据。

《侵权责任法》明确规定侵害民事权益应当依法承担侵权责任。民事权益包括"民事权利"和法律所保护的合法"利益"。该法第二条所规定的 18 项民事权利基本涵盖了所有民事法律、法规及司法解释中予以正式承认的民事权利,大致可以分为人身权、物权、股权、知识产权和继承权。民事利益主要指不同于民事权利但仍然受到民事法律保护的财产或人身利益,法律应当予以保护,但由于诸多理由尚未在立法上加以类型化、定型化并上升为一种权利的利益。权利和利益是可以相互转换的,有些利益随着社会发展纠纷增多,转而被认定为权利,如隐私权。

然而,目前"亲吻权"还很难纳入上述民事权益的范畴,因此在司法实践中就难以得到法院的支持。《侵权责任法》没有进一步区分权利和利益,而是统一规定侵害民事权益,应当依照该法承担侵权责任。所以,今后类似的诉讼主张能否得到支持还有待司法实践。至于赔礼道歉,由于吴某在诉讼中已多次向陶女士致歉,对此法院没有再判决。

法条链接

《侵权责任法》第二条 侵害民事权益,应当依照本法承担侵权责任。

本法所称民事权益,包括生命权、健康权、姓名权、名誉权、荣誉权、肖像权、隐私权、婚姻自主权、监护权、所有权、用益物权、担保物权、著作权、专利权、商标专用权、发现权、股权、继承权等人身、财产权益。

《最高人民法院关于确定民事侵权精神损害赔偿责任若干问题的解释》第八条 因侵权致人精神损害,但未造成严重后果,受害人请求赔偿精神损害的,一般不予支持,人民法院可以根据情形判令侵权人停止侵害、恢复名誉、消除影响、赔礼道歉。

因侵权致人精神损害,造成严重后果的,人民法院除判令侵权人承担停止侵害、恢复名誉、消除影响、赔礼道歉等民事责任外,可以根据受害人一方的请求判令其赔偿相应的精神损害抚慰金。

律师提示

　　这是全国第一例以"亲吻权"为理由，要求精神损害赔偿的案例，发生在四川广汉。其实近年来类似的"同居权"、"悼念权"、"养狗权"等时髦的"法外权"陆续出现，成为一些当事人在诉讼中请求法院维护的权利。这种现象的出现，令人喜忧参半。喜的是公民权利意识的觉醒；忧的是公民对打官司过分依赖，容易动辄以侵权为由诉诸法院，在某种程度上可能带来滥诉。

　　其实权利的本质是受法律保护的某种利益。法律的功能在于保证生活的安宁，但绝对无法保证生活的幸福。因此，遇到纠纷选择打官司前应尽可能进行相关法律咨询，在诉讼请求的提出上需慎重，不可随意为之。本案中，法院认为"被告提出的原告之伤未构成伤残等级，不符合关于精神损害赔偿'严重后果'的条件，主张不应承担精神赔偿，无疑系对该条款过分狭义的诠释，不利于保护受害人的合法权益，亦与司法解释的宗旨相悖"，最终根据实际情况酌情支持了原告陶女士500元精神抚慰金的请求，但依据是其身体权、健康权受侵害而不是"亲吻权"受侵害。

3.　"无名氏"被撞死，民政局能作为原告起诉要求赔偿吗？

生活场景

　　2005年4月2日19时30分许，王某驾驶三轮运输车，沿马路从北向南行驶至某路段时，将一名60多岁的无名男子撞倒在东侧机动车道内，恰遇吕某驾驶的小轿车由南向北驶经该路段，从该男子身体上碾压而过，致该男子当场死亡。

　　2005年4月20日，事发地县公安局交巡警大队作出交通事故认定书，认定王某、吕某对此次交通事故负同等责任，被害无名男子不负事故责任。事故发生后,交巡警大队曾于 2005 年 4 月 4 日在某日报上刊登认尸启事,因无人认领,遂于同年 4 月 21 日将该无名男子尸体火化,骨灰暂由县殡仪馆保管。

王某的三轮车及吕某的小轿车均在保险公司投保了第三者责任险,责任限额分别为 5 万元和 20 万元。县民政局认为其作为负责救助社会流浪乞讨人员的专门机构,承担了对社会流浪乞讨人员的救助工作,工作职责中也应包括支持社会流浪乞讨人员主张权利的内容。被害无名男子的生命健康权理应得到法律保护,该男子遭遇交通事故身亡,县民政局承担了有关处理事宜,故就其死亡将王某、吕某及保险公司诉至法院,请求判令保险公司在第三者责任强制保险限额内赔偿原告 166331 元。

法院经审理认为,原告县民政局作为政府负责救助社会流浪乞讨人员的专门机构,与本案被害无名男子之间仅存在行政法律关系,不存在民事法律关系,故不是本案适格的民事诉讼原告,无权就该无名男子的死亡向三被告主张交通事故人身损害赔偿。据此,法院裁定驳回原告的起诉。

法律智慧

在侵权人的行为构成侵权,侵害了被侵权人的民事权益时,被侵权人有权请求侵权人承担侵权责任。这种权利是一种请求权,请求权人自己不能直接取得该权利内容的利益,必须通过他人的特定行为间接取得。民政局作为民政管理部门,不是适格的赔偿权利人,不能作为原告起诉要求赔偿义务人赔偿。

值得注意的是,《侵权责任法》中同时使用了"被侵权人"和"受害人"两个概念。"受害人"往往与"加害人"相对应,不仅使用在《侵权责任法》中,而且更广泛地使用于日常生活和刑法领域。而"被侵权人"及其对应词"侵权人"则基本是侵权法中的民法概念。此外,由于"受害人"概念宽泛,从字面上看,只要受到损害,无论损害的类型、来源都可以认为是受害人。而侵权法的保护范围具有有限性,使用"被侵权人"的概念则清晰很多。

在《侵权责任法》中,一共使用了 7 次"受害人"和 23 次"被侵权人"。其中使用"受害人"的 7 次中没有 1 次能够换成"被侵权人",因为这 7 种情况的大前提是行为人不构成侵权。

法条链接

《侵权责任法》第三条 被侵权人有权请求侵权人承担侵权责任。

《最高人民法院关于审理人身损害赔偿案件适用法律若干问题的解释》第一条 因生命、健康、身体遭受侵害,赔偿权利人起诉请求赔偿义务人赔偿财产损失和精神损害的,人民法院应予受理。

本条所称"赔偿权利人",是指因侵权行为或者其他致害原因直接遭受人身损害的受害人、依法由受害人承担扶养义务的被扶养人以及死亡受害人的近亲属。

本条所称"赔偿义务人",是指因自己或者他人的侵权行为以及其他致害原因依法应当承担民事责任的自然人、法人或者其他组织。

《浙江省高级人民法院民一庭关于审理道路交通事故损害赔偿纠纷案件若干问题的意见(试行)》第二十一条 机动车发生道路交通事故致人死亡,在合理时间内确实无法确认受害人的身份及其近亲属或法定代理人,道路交通事故社会救助基金管理机构向人民法院起诉,请求赔偿义务人、保险公司支付受害人的道路交通事故损害赔偿金的,人民法院可予以受理。

前款所称"受害人的道路交通事故损害赔偿金",一般可参照城镇人口赔偿标准计算;并先支付由道路交通事故社会救助基金管理机构先行垫付的丧葬费或抢救费用,超出部分由道路交通事故社会救助基金管理机构提存保管。

律师提示

2007年以来,全国法院审理的相同或类似案件中,处理结果悬殊的案件,莫过于民政局作为原告,代无名死者的亲属向肇事司机索赔的案件了。有的法院判决支持民政局的索赔请求,有的法院以民政局作为原告不适格为由驳回其请求,有的法院作了调解处理。从相关案件的判决结果来看,各地法院对民政局等单位能否为"无名氏"索赔存在法律上的争议。

2009年10月26日,财政部、公安部、卫生部、保监会、农业部等五部门联合发文,要求各地政府从2010年1月1日起执行《道路交通事故社会救助基金管理试行办法》,省级人民政府应当设立救助基金。2010年7月23日,《浙江省道路交通事故社会救助基金管理试行办法》正式实施。浙江省高院也明确机动车发生道路交通事故致"无名氏"死亡的,道路交通事故社会救助基金管理机构可以向人民法院起诉,请求赔偿义务人、保险公司支付受害人的道路交通事故损害赔偿金。

4. 侵权人因同一行为需要承担刑事责任的,还需要承担民事责任吗?

生活场景

　　中巴车车主李甲从事个体客运业务。李乙于 2004 年 10 月通过职业介绍所与李甲相识,双方口头约定由李乙担任李甲的客车司机。后李甲表示不再雇用李乙,李乙对此心怀不满,蓄意伺机报复。

嘿嘿,把你的车偷走,看你怎么办!

　　2004 年 11 月 24 日晚,李乙来到市公安局 H 分局停车场,趁工作人员不备,持未归还的汽车钥匙,将李甲存放于此的中巴车开走。次日 20 时许,李乙驾驶该车行驶时与路边的电线杆相撞,导致车辆受损。李乙将该客车丢弃,随后逃逸。公安机关经侦查,于 2004 年 12 月 1 日将该车找回,当时车内"厦华"牌车载电视及多碟 VCD 机各一台已经丢失。经评估,该车辆损坏价值为人民币 12433 元,被盗车载电视及 VCD 机价值人民币 2250 元。后李乙被抓获归案。检察机关以李乙犯故意毁坏财物罪,向法院提起公诉。在诉讼过程中,被害人李甲以李乙、市公安局 H 分局为被告,向法院提起刑事附带民事诉讼。

法院认为，被告市公安局 H 分局虽然与李甲之间存在车辆保管合同关系，但不属于依法负有刑事附带民事赔偿责任的人，其同李甲之间的合同纠纷，与因李乙的犯罪行为引起的刑事附带民事赔偿责任是不同的法律关系，本案不予处理。随后，法院以故意毁坏财物罪判处被告人李乙有期徒刑 2 年，赔偿原告李甲经济损失人民币 14683 元。

法律智慧

《侵权责任法》第四条规定了侵权责任和行政责任、刑事责任的关系。当侵权人的同一行为既应当承担侵权责任，又应当承担行政责任或刑事责任时，侵权人应同时承担侵权责任和行政责任，或侵权责任与刑事责任。这属于责任的竞合，三者并行不悖。

关于侵权责任和刑事责任竞合案件的处理，按照我国《刑事诉讼法》第七十七条、七十八条的规定，主要有如下情况：(1) 部分既构成犯罪又构成侵权的案件(主要是侵害财产权的案件)，被害人可在刑事诉讼中提起附带民事诉讼；(2) 既构成犯罪又有侵害人身权的案件，被害人可以在刑事诉讼中提起附带民事诉讼，但是不能请求精神损害赔偿。

当出现责任竞合时，如侵权人的财产足以承担各种法律责任，不存在侵权人先承担何种责任的问题；若侵权人的财产不足以承担各种法律责任，应先承担侵权责任，即民事责任优先。这体现了对公民权益的优先保护，因为行政责任和刑事责任毕竟是对国家的责任，而民事责任是对受害人所遭受损害的赔偿，如果因为先行承担行政责任、刑事责任而导致行为人无力支付民事赔偿，将导致受害人重大损害，不利于社会公正的实现。

法条链接

《侵权责任法》第四条 侵权人因同一行为应当承担行政责

任或者刑事责任的,不影响依法承担侵权责任。

因同一行为应当承担侵权责任和行政责任、刑事责任,侵权人的财产不足以支付的,先承担侵权责任。

《刑法》第三十六条 由于犯罪行为而使被害人遭受经济损失的,对犯罪分子除依法给予刑事处罚外,并应根据情况判处赔偿经济损失。

承担民事赔偿责任的犯罪分子,同时被判处罚金,其财产不足以全部支付的,或者被判处没收财产的,应当先承担对被害人的民事赔偿责任。

律师提示

坚持侵权损害赔偿请求权优先,人们需要破除"打了不罚,罚了不打"的传统思想。当侵权人的财产不足以全部承担的时候,应当先承担侵权责任,刑事责任和行政责任让位于侵权责任。在诉讼程序上,可以采取刑事附带民事诉讼的方式,在对行为人的刑事审判程序中一并对民事纠纷予以裁判。

刑事附带民事诉讼中,依法负有赔偿责任的人包括刑事被告人及没有被追究刑事责任的其他共同致害人、共同犯罪案件中在案件审结前已死亡的被告人的遗产继承人、其他对刑事被告人的犯罪行为依法应当承担民事赔偿责任的单位和个人。

5. 侵犯他人注册商标专用权的行为优先适用《商标法》还是《侵权责任法》?

生活场景

鲁道夫·达斯勒体育用品波马股份公司是依据德意志联邦共和

国法律成立的公司。1998 年 12 月 2 日，经中国国家工商行政管理总局商标局核准，取得了第 76559 号"豹子图形"商标的注册商标专用权。核定使用的商品为第 25 类"运动衣、运动裤、运动袜、便鞋、运动鞋"等，该商标有效期至 2018 年 12 月 1 日。

2008 年 3 月 23 日，波马公司的委托代理人在王府井 H 商场处购买两双鞋，其中一双为被控侵权产品，并获取"发票"两张，其中一张对应被控侵权产品，发票上盖有"D 商贸有限公司"的公章。北京市某公证处对购买过程进行公证，并对所购商品进行封存。发票上记载的商品名称是"童鞋"，销售价格为 126 元。公证封存的涉案侵权鞋所配包装盒上印有"福建省晋江市 K 鞋业有限公司"字样并有该公司的电话、传真和地址等信息；该双鞋有多处"FEI FEI TU"字样，鞋帮两侧处各有一个大型彩色豹子图案。

波马公司认为 K 公司制造、销售含有豹子图案的儿童运动鞋，侵犯了其享有的注册商标专用权。波马公司为此诉至法院，请求判令被告 K 公司立即停止侵权，赔偿原告经济损失 8 万元；赔偿原告为制止侵权行为所支付的调查取证费用 1126 元、律师费 3000 元。

法院认为：原告享有的商标专用权在有效期内，受中国法律保护。依据《商标法》规定，未经商标注册人的许可，在同一种或者类似商品上，将与他人注册商标相同或者近似的标志作为商品名称或者商品装潢使用，误导公众的，属侵犯注册商标专用权的行为。原告所购买的运动鞋上鞋帮两侧印有彩色豹子图案，与原告的注册商标构成近似；上述使用行为足以造成相关公众对商品的来源产生混淆误认，因此该运动鞋是侵犯原告注册商标专用权的侵权商品。制造侵犯注册商标专用权的商品，被告应承担立即停止侵权和赔偿原告经济损失的法律责任。原告所提赔偿数额过高，法院不予全额支持。法院将根据被告侵权行为的情节、性质、程度及原告为进行本案诉讼所支付的合理开支等因素酌定具体的赔偿数额。

法律智慧

《侵权责任法》第五条是对该法与其他法律的适用关系的规定。对侵权责任,若特别法另有规定的,应适用特别法的规定;当没有特别法的规定时,则适用《侵权责任法》的一般规定。特别法是适用于特定范围内的特定侵权行为和侵权责任的法律规范的总称,如《国家赔偿法》、《物权法》、《商标法》、《专利法》、《道路交通安全法》、《食品安全法》等包含具体侵权行为的单行法律。

有关侵权责任的立法内容庞杂,在适用时应遵循"特别法优先于普通法"的原则。特别法无规定时,《侵权责任法》的一般条款则起到补充适用的效力。因此,法院依照我国《商标法》第五十二条第(五)项、第五十六条第一款、《商标法实施条例》第五十条第(一)项之规定,判决被告 K 公司立即停止制造、销售侵犯原告注册商标专用权的童鞋产品;被告赔偿原告经济损失及合理诉讼支出共计人民币2 万元;驳回原告其他诉讼请求。

法条链接

《侵权责任法》第五条 其他法律对侵权责任另有特别规定的,依照其规定。

《商标法》第五十二条 有下列行为之一的,均属侵犯注册商标专用权:

（一）未经商标注册人的许可,在同一种商品或者类似商品上使用与其注册商标相同或者近似的商标的;

（二）销售侵犯注册商标专用权的商品的;

（三）伪造、擅自制造他人注册商标标识或者销售伪造、擅自制造的注册商标标识的;

（四）未经商标注册人同意,更换其注册商标并将该更换商标的商品又投入市场的；

（五）给他人的注册商标专用权造成其他损害的。

第五十六条 侵犯商标专用权的赔偿数额，为侵权人在侵权期间因侵权所获得的利益，或者被侵权人在被侵权期间因被侵权所受到的损失，包括被侵权人为制止侵权行为所支付的合理开支。

前款所称侵权人因侵权所得利益，或者被侵权人因被侵权所受损失难以确定的，由人民法院根据侵权行为的情节判决给予 50 万元以下的赔偿。

销售不知道是侵犯注册商标专用权的商品，能证明该商品是自己合法取得的并说明提供者的，不承担赔偿责任。

律师提示

《侵权责任法》是侵权责任的一般规定和具体侵权行为的法律。面对纷繁复杂的现实社会，不可避免遇到难以适用的情况，而且由于社会的不断发展，社会的价值倾向也在发生变化，在原有社会价值判断下作出的利益衡量决定，可能并不能够适应新的社会现实和需要。因此，立法者通过制定新的民事特别法来使法典适应社会发展的需要，而不是去修改法典本身，否则在立法技术和程序上存在较高难度。《侵权责任法》第五条不仅规定了该法与其他法律之间的关系，更为该法的发展留下了空间。另结合本案须提示的是，并非所有的商标都受法律的保护，法律仅对注册过的商标予以保护。

第二章　责任构成和责任方式

6. 跳楼自杀者砸死老太，能认定物业公司有过错吗？

生活场景

某日中午 12 时 30 分左右，妇女魏某从北京市某小区 3 号楼 21 层跳下，将正好走到楼下的李老太砸死。经北京市公安局法医检验鉴定中心检验，魏某符合高坠死亡，李老太在魏某坠楼过程中被砸压躯干部，致创伤失血性休克死亡。悲痛之余，李老太的两个子女将房屋产权及管理单位北京市 C 区物业管理公司、北京市 C 区国土资源和房屋管理局 Z 房管所及北京市 C 区国土资源和房屋管理局一并告到法院，索赔 14 万余元。

这事让人哪想得到啊！我们又没有过错！

我不管！就是你们的责任！

物业公司

法律智慧

本案涉及过错责任。过错可以分为故意和过失两种形式。"故意"是指行为人预见到行为会发生或可能发生某种损害结果,仍然希望或者放任损害结果发生的一种主观心理状态。"过失"是指行为人对其行为所产生的损害后果应当预见而没有预见,或者已经预见却轻信可以避免,以致损害结果发生的一种主观心理状态。前者为疏忽,后者为懈怠。我国侵权责任制度实行过错责任和无过错责任相结合的原则。过错责任原则适用于一般侵权责任,具有普遍性;而无过错责任原则适用特殊侵权责任,具有特殊性。《侵权责任法》第六条是侵权责任的一般条款,也是侵权责任的一般归责原则,适用于本法和其他法律未作特别规定的所有侵权责任。

三家单位是否构成一般侵权责任,要看主观上是否存在过错,该过错与损害事实之间有没有因果关系。显然,李老太死亡结果的发生是魏某跳楼自杀行为所致,与三家单位的行为并无法律上的因果关系。

三家单位作为房屋所有人或管理人无法预见并控制任何不特定人的跳楼自杀行为。房屋的所有人或者管理人即使投入任何合理的预防成本,也不能绝对避免自杀伤人事件的发生。因此,三家单位对李老太的死亡并不存在过错,不构成一般侵权责任。据此,法院判决驳回了原告李老太子女的诉讼请求。

法条链接

《侵权责任法》第六条 行为人因过错侵害他人民事权益,应当承担侵权责任。

根据法律规定推定行为人有过错,行为人不能证明自己没有过错的,应当承担侵权责任。

律师提示

过错责任原则说明了行为人承担责任的原因,集中体现了法律的教育和预防功能。从人的自由意志角度说，人是在其意志的支配下作出一定行为的，人具有行为选择的自由，而过错则意味着行为人选择了一种与法律和道德要求不相容的行为。在行为人有过错的情形下要求他承担责任是符合人的自由意志的。

过错责任原则高举"有过错就有责任"的旗帜，分清了哪些事情是可以做的，哪些事情是不可以做的，有助于人们明辨是非、权衡得失，使人们尽可能地控制自己的行为，选择更加合理的行为，以预防侵权行为的发生。对过错的确定必然包含了道德上的谴责。对过错行为的制裁，实际上就是弘扬诚实守信、尊重他人和公共利益等社会主义道德风尚。司法实践中，法官往往在比较双方提供的证据和主张后，通过过错责任原则的适用，在行为人和受害人之间确定损失的最后承担者，让双方的利益在一定程度上得到平衡。

7. 农民工高空作业发生重大伤亡事故，责任该由谁承担？

生活场景

某日上午，一高新技术开发区内某电子玻璃有限责任公司的 68 米高烟囱施工工程已经完工，36 名农民工都被叫去拆烟囱的脚手架。整个烟囱的脚手架高约 75 米，在脚手架上，36 名工人每隔 2.5 米站一人，从上到下顺着运送拆下的脚手架钢管。由于前一日下雨，造成脚手架地锚滑脱，致使脚手架从距离地面 10 米处突然折断，整个脚手架向东北方向倒去。正在脚手架上的工人当时都系着安全带、戴着安全帽，都随同脚手架一起被砸向地面，当场造成 21 人死亡、9 人受伤，站在 10 米以上的工人无人幸免。

公安部门对现场有关人员询问和取证后分析认为：此次特大事故发生的原因是烟囱外井架已于先前拆除了北侧缆风绳，外井架失去稳定性，而进行拆除的工人均在井架内部南侧施工，导致架身因受

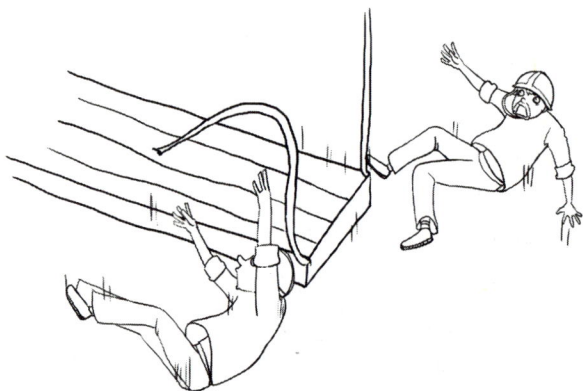

力不均而发生偏转;钢架为承包商自行购买而非专用产品,质量根本不合格;更主要的是,这些工人是承包商雇用的一些当地农民工,未掌握建筑知识和安全注意事项,没有高空施工的经验,也没有经过专门训练。在施工开始时,工人也提出高空作业有危险,并表示了拒绝参加的态度。但包工头说,不拆架子就不给工钱,以前的工钱也不给,强迫工人冒险高空作业,从而造成惨祸。事故发生后,施工单位和遇难者家属达成赔偿协议,支付了每人10万余元的赔偿金。

法律智慧

从事高度危险作业造成他人损害实行无过错责任原则。"高度危险作业"既包括从事高空、高压、高速运输工具的高度危险活动,也包括占有、使用、储存或处置易燃、易爆、剧毒、放射性等高度危险物品的行为。"无过错责任原则"指不考虑行为人有无过错,即不管行为人有没有过错,法律规定应当承担民事责任的,行为人应当对自己的行为所造成的损害承担民事责任。

该原则是在"机器和事故"的年代——工业革命时期发展起来的。科学技术的高速发展产生了各种前所未有的危险活动和危险物品,造成了诸如交通事故、工厂事故、产品责任事故和公害事故等。如果一味坚持过错责任原则,受害人基于科学知识水平等方面的因素,难以证明行为人的过错,将无法获得赔偿。

正是在这种情况下,立法者创建了无过错责任原则。该原则的功能在于合理地分配了因现代科技发展而由危险活动和物品所造成的损害。一方面,无过错责任表明法律上认可了从事危险活动和占有使用危险物品。另一方面,对于法律容许的危险活动导致他人的损害,应当合理地分配,不能令受害人蒙受损失。本案中,施工单位在组织高空作业时造成死伤惨祸,应当承担侵权责任。

法条链接

《侵权责任法》第七条 行为人损害他人民事权益,不论行为人有无过错,法律规定应当承担侵权责任的,依照其规定。

律师提示

这是发生在河南安阳的一例典型的高空作业致人损害案件。类似案例在各地也时有出现,如杭州某工地的高空吊篮坠落事故,均应适用无过错责任原则。需要注意的是,"无过错"并不是指没有过错,而是不问过错。在该事故中,虽然施工单位实际上是存在过错的,但适用无过错责任原则时,受害工人无须举证证明施工单位主观上存在过错,减轻了受害人的负担。当然施工单位也无法通过证明自己没有过错而免责,免责条件要由法律严格规定。因此,决定施工单位承担责任的基本要件是其行为与损害结果之间的因果关系。

此外,无过错责任原则的适用范围依赖于法律的特别规定,除高度危险作业外,还有产品责任、环境污染责任、饲养动物损害责任等。同时,无过错责任一般都设有赔偿的最高限额。如果受害人有重大过失的,还可以减轻赔偿义务人的赔偿责任。

无过错责任可以通过与责任保险、社会保障制度之间的良性互动,实现损害的合理分散,既能有效地保护受害人,又不至于给从事法律容许的高度危险作业的人施加过重的负担,从而有效协调权益保护与维护人们合理的自由活动空间的关系。

8. 三人共同打伤他人,应当如何承担民事责任?

生活场景

　　李某、权某、邓某和游某均系同村村民。李某、权某、邓某共同经营一家塑料制品加工厂,游某住在该厂隔壁。由于塑料厂经常在晚上加班,给游某的生活带来很大不便,特别是游某的女儿正要参加中考,由于噪声过大经常失眠。为此游某非常生气,多次找三人协商均没有结果。某日23时,机器的噪声导致游某一家无法入睡,游某就到隔壁要求停止工作。李某和邓某同在厂里,两人认为游某是无理取闹,遂发生争吵,后扭打起来,权某闻讯赶来,三人将游某挤在厂内一胡同里狠狠打了一顿。后被闻讯赶来的村民拉开,游某被送至医院。后经司法鉴定为轻微伤。村委会就赔偿事宜多次调解未果。游某遂将三人诉至法院,要求赔偿医疗费、误工费等3200余元。

法律智慧

　　三人的行为是典型的共同侵权行为。共同侵权是指二人以上共同故意或者共同过失致人损害;或者虽无共同故意、共同过失,但其侵害行为直接结合发生同一损害后果的情形。此时,各个加害人之间需要承担连带责任。连带责任,是指共同加害人作为一个整体对损害共同承担责任。共同加害人中的任何一个人都应当对全部损害承担责任;在共同加害人之一人(或者部分人)对全部损害承担了责任之后,他有权向其他未承担责任的共同加害人追偿,请求偿付其应当承担的赔偿份额。

　　从受害人的请求权角度来看,他既可以将全部加害人作为被告,请求他们承担对全部损害的赔偿责任；也可以将加害人中的一人（或部分人）作为被告，请求他（们）承担全部赔偿责任。一旦加害人中的一人（或部分人）赔偿了全部损害，也就履行了全部赔偿义务，受害人不得再对其他加害人提出请求；反之，如果受害人的请求没有得到实现或者没有完全得到实现，他可以向其他加害人请求赔偿全部损害或者赔偿剩余的部分损害。这样的制度安排使受害人的损害更容易得到赔偿。

因此，李某、权某、邓某三人基于共同的过错、共同的行为造成了游某的人身伤害，构成共同侵权，应该承担连带责任。游某可以要求三人共同承担侵权责任，也可以要求其中任何一人承担所有的责任。

法条链接

《侵权责任法》第八条　二人以上共同实施侵权行为，造成他人损害的，应当承担连带责任。

《民法通则》第一百三十条　二人以上共同侵权造成他人损害的，应当承担连带责任。

《最高人民法院关于审理人身损害赔偿案件适用法律若干问题的解释》第三条　二人以上共同故意或者共同过失致人损害，或者虽无共同故意、共同过失，但其侵害行为直接结合发生同一损害后果的，构成共同侵权，应当依照民法通则第一百三十条规定承担连带责任。

律师提示

连带责任的核心就在于连带。最直接的理解就是大家一起承担责任。对于受害人而言，侵权人是一个整体，不管是张三还是李四，只要其参与了共同侵权行为，就应当承担责任。确认这种连带责任，使受害人申请损害赔偿简便易行，举证负担较轻。受害人不必因为共同侵权行为人中的一人或数人难以确定,或因为共同侵权行为人中的一人或者数人没有足够的财产而妨碍其应获得的全部赔偿数额。

连带责任中谁有钱谁赔,但是无钱的并不因此而免除自己的侵权责任。在其他侵权责任人赔偿后,未承担连带责任的一方,就与已经承担责任的一方形成了新的债权债务关系。已承担赔偿责任的连带责任方有权向未完全承担赔偿责任份额的一方要求赔偿,如果发生争议,已承担责任的一方可以向人民法院起诉。

连带责任的意义在于保护受害人,但并不意味着法律是在连带责任人之间"和稀泥",对于连带责任人内部的责任也要分割,这样才能体现法律的公平,才能达到警示的目的。所以,不能以为自己没有赔偿能力或者他人承担了受害人的损失后就可以高枕无忧了。

9. 网络公司教唆、帮助网民侵权的,应当如何承担民事责任?

生活场景

广东中凯文化发展有限公司是香港电影《杀破狼》在内地的独家发行商,其权利包括电影的资讯网络传播权及音像制品复制、发行权。2006 年,中凯公司发现,在广州 S 软件技术公司的运营网站 www.poco.cn"电影交流区"中点击"动作片"一栏后,该页面的右侧会显示《杀破狼》的电影海报与剧情简介,海报下注有"发布时间:2005-11-19"。点击简介下方"资源下载"栏后,右侧一栏有指引下载栏,记载:"POCO 下载,下面是 POCO 专用的下载链接,您必须安装 POCO 才能点击下载,大碟版 杀破狼. rmvb"等字样。根据网站的提示,网络用户下载安装该软件后,即可点击下载电影《杀破狼》,其模式类似于 BT 软件。

为此,中凯公司向法院起诉S公司及其广告代理商K公司。中凯公司认为,S公司的行为是在引诱、教唆网络用户进行侵权。该公司明知其网站存在大量侵权影片,仍设立内置式搜索引擎,帮助网络用户快速寻找侵权影片,导致侵权作品大量传播。由此,中凯公司要求被告两公司停止侵权,并共同赔偿人民币15万元。S公司辩称其没有在网上提供涉案电影作品,电影文件的真正提供人是网络用户,公司仅提供了技术平台。K公司则认为,自己从事的广告代理权和发布广告的行为,与网站上所传播的电影毫无关系。

法院认为,网络用户在POCO网上擅自发布电影作品《杀破狼》供其他用户下载的行为,侵犯了中凯公司对电影作品依法享有的信息网络传播权。S公司尽管未直接实施侵权行为,但其教唆、帮助用户实施了上述侵权行为,应当与直接实施侵权行为人承担连带责任。另一被告K公司未与S公司共同教唆、帮助他人实施侵权行为,不负相关责任。最后,判决S公司立即停止侵权行为,赔偿中凯公司经济损失人民币5万元。

法律智慧

教唆、帮助他人实施侵权行为也属于共同侵权行为。《侵权责法》第九条规定,教唆、帮助他人实施侵权行为的,应当与行为人承担连带责任。构成教唆、帮助侵权需要符合以下要件:(1)教唆、帮助行为及直接侵权行为的存在。需要以被教唆人或者被帮助人实施了侵权行为并且构成损害为前提条件。没有被教唆人或被帮助人侵权行为的事实,或者虽实施了一定的侵害行为,但没有损害的发生,教唆侵权和帮助侵权都无从成立。(2)损害结果的同一性。教唆行为、帮助行为和直接侵权行为等多个行为共同造成了一个完整的不可分割的损害结果。(3)教唆行为、帮助行为和损害结果具有因果关系。(4)教唆人与帮助人主观上具有过错。

本案中,S公司开发软件、允许网民下载软件,其行为本身并不构成侵权。但是,该公司在新用户注册登录的过程中,以"现在登录POCO,立即下载海量多媒体资源,完全免费"等广告语吸引社会公众成为其用户,同时在POCO网上预先设定了程序,使网络用户可以发布帖子上传电影海报与剧情简介,并向其他用户提供下载链接地址。尽管S公司已在网站上作一些有关权利的警告性提示,但其目的就是通过提供免费欣赏电影的服务吸引网络用户,并以出让网站广告经营权的方式获利。主观上具有过错,其教唆、帮助网络用户共同侵害了中凯公司的合法权利,构成共同侵权。

法条链接

《侵权责任法》第九条 教唆、帮助他人实施侵权行为的,应当与行为人承担连带责任。

教唆、帮助无民事行为能力人、限制民事行为能力人实施侵权行为的,应当承担侵权责任;该无民事行为能力人、限制民事行为能力人的监护人未尽到监护责任的,应当承担相应的责任。

《最高人民法院关于审理涉及计算机网络著作权纠纷案件适用法律若干问题的解释》第四条 网络服务提供者通过网络参与他人侵犯著作权行为,或者通过网络教唆、帮助他人实施侵犯著作权行为的,人民法院应当根据民法通则第一百三十条的规定,追究其与其他行为人或者直接实施侵权行为人的共同侵权责任。

律师提示

教唆行为,是指行为人采用诱导、劝说、挑拨、刺激、怂恿、授意、胁迫、乘人之危等手段使他人产生实施侵权行为意图的一种过错行为。教唆行为可以是口头或者书面的,也可以是明示或者暗示的;可以是公开的,也可以是秘密的。

帮助行为,是指行为人实施的促成被帮助人侵权行为的完成,使其侵权目的得以得逞的某些援助行为。不仅包括提供工具、指示目标、通风报信等物质性的帮助,还包括语言激励、呐喊助威等精神上的帮助;不仅包括事前帮助、事中帮助,还包括某些事后帮助。

教唆、帮助无民事行为能力人、限制民事行为能力人实施侵权行为的,应当承担侵权责任。一般认为,被教唆人无民事行为能力是客观存在的事实,不因教唆人是否知道而改变。让教唆人单独承担全部赔偿责任,也是对教唆人的恶意致他人损害的行为的制裁,否则,也不利于对未成年人的保护。当然,如果无民事行为能力人、限制民事行为能力人的监护人未尽到监护责任的,也应当承担相应的责任。

此外,被教唆人或被帮助人实施的侵权行为,必须是教唆人或帮助人所教唆、帮助的内容。这一点与刑法上的教唆犯和帮助犯的构成不同。在刑法上,犯罪行为人只要实施了教唆或帮助行为,在符合其他主客观要件的情况下就可以构成犯罪。例如,向他人传授犯罪方法的行为可以单独构成传授犯罪方法罪,即便接受犯罪方法的人没有实施犯罪。

10. 共同危险行为致人损害应当如何分担民事责任?

生活场景

　　某日中午,小伟与小涛两人在村里别人家大门外打纸三角玩耍。小刚、小明、小城三人各自从该大门前的向日葵秆堆上抽了一根向日葵秆互相乱打。两伙玩耍儿童相距约三米。当小伟扭身看小刚等三人拼打时,被迎面飞来的向日葵秆碎刺刺入右眼,此时小刚手中的向日葵秆半截掉在地上,半截还拿在手中。小伟把碎刺拔掉,双手捂住眼睛边哭边骂小刚。在场的五个孩子不久各自回家。当日 20 时许,小伟父母回家,发现其子捂眼趴在炕上,才知道孩子右眼被扎伤,但没有引起重视。第二天向小刚家要了点眼药点上。两天后,小伟到县医院检查,被确诊为右眼角膜穿通伤,伴视物不见,为外伤性白内障。此后,小伟父母带着小伟辗转各医院治疗,不仅花去大量费用,而且身心俱疲。因与小刚、小明及小城父母就赔偿事宜未达成协议,小伟将其诉至法院,要求三被告承担民事责任。

　　法院经审理认为,原、被告都是未成年人,在没有受到外界影响的情况下,陈述案情的真实性、准确性比较可靠,在现场的五个孩子陈述基本一致,原告小伟右眼被飞刺刺伤,虽然不能确定是哪个孩子所为,但确是因三被告拿向日葵秆乱打乱拼所致,三被告的监护人应承担民事责任。

法律智慧

　　本案中三个孩子的行为属共同危险行为。共同危险行为是指数人实施危及他人人身、财产安全的行为,但不知道数人中谁是具体加害人,而由该数人承担连带责任的情形。《最高人民法院关于审理人身损害赔偿案件适用法律若干问题的解释》第四条和《侵权责任法》

第十条均对共同危险行为作出了规定。

共同危险行为与共同侵权行为一样,均须承担连带责任。但在责任份额的确定上有所不同。共同侵权行为人的个人责任,可以按照各自过错的程度确定,因而共同加害人所实际分担的责任份额可能并不平均。但是,由于共同危险行为人在实施共同危险行为中致人损害的概率相等、过失相当,而且由于共同危险行为责任的不可分割性,所以在共同危险行为的责任分担上,一般是平均分担,个人以相等的份额对损害结果负责,在等额的基础上实行连带责任。

法条链接

《侵权责任法》第十条　二人以上实施危及他人人身、财产安全的行为,其中一人或者数人的行为造成他人损害,能够确定具体侵权人的,由侵权人承担责任;不能确定具体侵权人的,行为人承担连带责任。

《最高人民法院关于民事诉讼证据的若干规定》第四条　下列侵权诉讼,按照以下规定承担举证责任:……(七)因共同危险行为致人损害的侵权诉讼,由实施危险行为的人就其行为与损害结果之间不存在因果关系承担举证责任。

律师提示

在构成共同危险行为的情形下,受害人起诉时的举证范围包括:(1) 列举致害人。致害人即共同危险行为人,首先应由受害人在起诉时提出。鉴于共同危险行为的特殊性,不必要求受害人起诉时正确列举所有的共同危险行为人,应允许受害人在诉讼中变更被告。但受害人明确放弃对部分共同危险行为人的诉讼请求,考虑到共同危险行为侵权的统一性,仍应把这些人列为被告,受害人放弃的部分诉请应视为是对全体侵害人的部分免责。(2) 证明受害人已受到现实的损害。（3）损害与危险行为有因果关系。此时，并不要求受害人有十分确凿的证据证明损害一定是由共同危险行为所致，只要求受害人对此提供一般的事实依据或作出合理的推断即可。

11. 无意思联络的数人侵权行为在什么情况下承担连带责任？

生活场景

　　3月1日，何某在上海A卫生洁具公司购买了一台B日用电器厂生产的不锈钢淋浴器。两天后，何某又购买了一台C无线电厂生产的多功能漏电保护器。该月中旬，何某在家中安装了这两件电器。4月1日21时30分左右，何某的妻子用该淋浴器洗澡时被电击死亡。伤心过后，何某将A洁具公司、B日用电器厂和C无线电厂诉至法院，认为三被告生产、销售的淋浴器及漏电保护器质量有问题，致使其妻在使用中被电击死亡，三被告应当承担赔偿责任。

　　经鉴定，事发现场的不锈钢淋浴器接地线路接触不良，电热管绝缘不好，电源进线一个接线端与保护盖之间有电击穿，使外壳带电，该产品安全性能不符合要求。多功能漏电保护器接线正确，脱扣线圈已严重烧坏，线圈回路中可控硅及三只二极管击穿，导致该漏电保护器失效，该保护器质量有问题。

法律智慧

　　一般而言，数个行为人分别实施侵权行为，每人承担按份责任。但在每个人的侵权行为都足以造成全部损害的情形下，要求受害人根据每个侵权行为所可能造成的损害分别向各个行为人请求赔偿，不利于保护受害人的利益。如果适用连带责任，受害人则可以要求任何一个行为人承担全部责任，有助于受害人获得足额赔偿，而且，由于每个侵权行为都可以单独成立侵权责任,这样规定也没有实质增加各个行为人所应承担的责任。

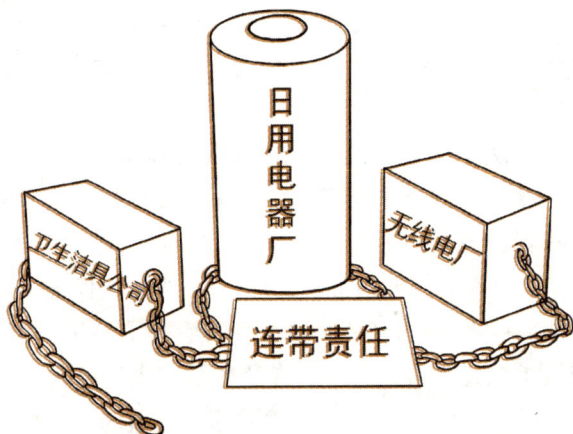

结合本案,不锈钢淋浴器和漏电保护器都存在质量问题,两个产品结合起来使用,导致了何某妻子死亡的损害后果。因为两个侵权行为人之间没有任何意思联系,不可能认识到自己有缺陷的产品会造成此种损害后果,因此他们不存在共同的故意和过失。但是,淋浴器和漏电保护器这两种产品任一发挥正常安全功能,损害结果都足以完全避免,事实上,确实是两者行为的结合导致了同一个损害后果。因此,三被告应当承担连带责任。

法条链接

　　《侵权责任法》第十一条　二人以上分别实施侵权行为造成同一损害,每个人的侵权行为都足以造成全部损害的,行为人承担连带责任。

律师提示

　　本条中的"足以"并不是指每个侵权行为都实际上造成了全部损

害,而是指即便没有其他侵权行为的共同作用,独立的单个侵权行为也有可能造成全部损害。如甲、乙两个人分别从不同方向向同一房屋放火,将该房屋烧毁,根据两个方向的火势判断,如果不存在另一把火,每把火都有可能将整栋房屋烧毁,但事实上两把火共同作用烧毁了该房屋,所以只能说每把火都"足以"烧毁整栋房屋。

在共同侵权行为中,各个共同侵权人对损害结果所起的作用难以确定,损害结果具有不可分割性。在采纳按份责任的情况下,就要求受害人对各加害人的具体加害部分进行证明,这对受害人来说是困难的。特别是在共谋的情形下,有的行为人可能仅仅参与了共谋,并未实施加害行为,要求其证明损害后果是不可能的。因此,让共同侵权行为人承担连带责任就不存在这些受害人起诉时的难题,减轻了受害人的举证负担,有利于实现对受害人利益的充分救济和保护。

12. 无意思联络的数人侵权如何分担民事责任?

生活场景

10 月 20 日 22 时,刘某酒后无证驾驶两轮摩托车,带着罗某沿104 国道由北向南行驶。突然,其摩托车前部不慎撞在顺行停车并由伊某驾驶的大型货车后部,造成两车损坏,刘某受伤,乘车人罗某当场死亡。经交警部门认定,刘某负事故的主要责任,伊某因未在确保安全的情况下停车而负事故的次要责任,罗某对该事故不负责任。罗某的亲属诉至法院,要求刘某、伊某承担侵权责任,赔偿损失。

法律智慧

本案中,刘某和伊某的行为造成罗某死亡的后果应当没有异议。但两人的侵权行为是分别实施的,行为之间是独立的。《侵权责任法》第十二条规定了无意思联络的分别侵权行为。该条规定的情形与第十一条最大的区别在于,虽然数人分别实施的侵权行为都给受害人造成了同一损害,但是并非每个加害人的行为都"足以"造成全部损害,他们都仅造成了损害中的一部分。并且经交警部门认定,刘某负事故主要责任,伊某负事故次要责任。两人的责任是能够确定大小的,应各自承担相应的责任。

虽然数个侵权行为结合造成了同一损害,但是在大部分案件中,可以根据各个侵权行为对造成损害后果的可能性来确定责任份额。判断这种可能性,可以综合各个行为人的过错程度、各个侵权行为与损害后果之间因果关系的紧密程度和公平原则等因素。

法条链接

《侵权责任法》第十二条　二人以上分别实施侵权行为造成同一损害,能够确定责任大小的,各自承担相应的责任;难以确定责任大小的,平均承担赔偿责任。

律师提示

"能够确定责任大小",主要是考虑当事人主观过错大小和原因力比例。原因力是指在构成损害结果的多个原因中,每一个原因对于损害结果发生或者扩大所起的作用。例如药剂师因疏忽将处方药物错发,护士输液时未予核对,致输入液体造成患者健康受损。两过失行为偶然结合发生同一个损害,其原因力不可分,只能看双方过失的大小。药剂师违反专业上的高度注意义务,构成重大过失,护士也违反业务常规,构成一般过失,则可以确定双方责任比例为七三开或六四开。

"难以确定责任大小",指损害原因和损害结果虽然明确,但当事人主观过错大小和原因力无法查明。如两车相撞燃烧焚毁,两司机均身亡,同时造成车上其他成员伤亡。于此情形,两司机的主观过错难以查明,原因力比例因现场焚毁也无法估计。因此,法律推定各侵权行为人对损害结果的发生负同等过错和原因力,由各侵权行为人平均承担赔偿责任。

13. 被虚假电视购物忽悠,消费者可以向电视购物公司和电视台要求赔偿吗?

生活场景

2009 年 10 月,林先生在某电视台电视购物栏目相中了一款国产手机。广告宣传该手机超强待机,一块电池能用 17 天,而且功能齐全、价格便宜,性价比较高。林先生按照对方提供的地址,汇款1350 元订购了一部。5 天后,他收到了通过物流送来的手机。但没想到的是,新手机问题多多。在使用过程中频频死机,所谓的超长待机只能坚持 4 天,配套的充电器根本无法给手机充满电。由于购买时间还在手机三包规定期限内,林先生想与商家协商一下,再换一部新手机或协商退货。但是拨通包装盒上的商家电话后却无人应答。没办法只好根据包装盒上的地址,通过电话向区消协进行投诉,请求

帮助。消协工作人员到林先生提供的投诉地址去落实情况,结果该地址不存在,与登记注册部门联系查找,竟然找不到该公司的登记注册信息!林先生见找不到厂家,就找上电视购物公司和电视台要求其承担民事责任。

法律智慧

目前国内电视购物主要有两种模式:一种是电视台相关产业,即电视台自己组织货源或生产商品,拍摄居家购物节目在本台开办的专业购物频道播出;另一种是电视购物公司组织货源并制作电视节目,购买电视台的广告时段播出。

广告主如违反《广告法》规定,发布虚假广告,欺骗和误导消费者,使购买商品或者接受服务的消费者的合法权益受到损害的,应依法承担民事责任。电视购物公司作为广告经营者,电视台作为广告发布者,如果明知或者应知广告虚假仍设计、制作、发布的,应当依法承担连带责任。

按照《侵权责任法》第十三条规定的对连带责任的主张形式,被侵权人有权请求部分或者全部连带责任人承担责任。受虚假广告的欺骗和误导,购买商品或者接受服务的消费者合法权益受到损害的,消费者既可请求广告主、广告经营者和广告发布者共同承担民事赔偿责任,也可单独请求他们三个中的一个承担民事责任。承担了全部赔偿责任的人有权就其赔偿超过自己应分担的部分,要求其他责任人按各自承担的部分予以补偿。因此,消费者在发现问题后找不到厂家,如果能证明广告经营者和发布者明知广告虚假的,即可向两者要求赔偿。

法条链接

《侵权责任法》第十三条　法律规定承担连带责任的,被侵权人有权请求部分或者全部连带责任人承担责任。

《广告法》第三十八条　违反本法规定,发布虚假广告,欺骗和误导消费者,使购买商品或者接受服务的消费者的合法权益受到损害的,由广告主依法承担民事责任;广告经营者、广告发布者明知或者应知广告虚假仍设计、制作、发布的,应当依法承担连带责任。广告经营者、广告发布者不能提供广告主的真实名称、地址的,应当承担全部民事责任。社会团体或者其他组织,在虚假广告中向消费者推荐商品或者服务,使消费者的合法权益受到损害的,应当依法承担连带责任。

律师提示

诉讼中,赔偿权利人起诉部分共同侵权人的,人民法院将追加其他共同侵权人作为共同被告。人民法院发出追加被告的通知后,如果被追加的被告前来参加诉讼,那么诉讼继续进行;如果被追加的被告不应诉,经传票传唤不到庭,人民法院可以缺席判决;如果被通知追加的被告是必须到庭的,经两次传票传唤,无正当理由拒不到庭的,人民法院可以依法对其拘传,强制其到庭。

14. 承担连带责任的行为人内部如何确定赔偿数额?

生活场景

某日 20 时左右,小颖(9 岁)手里拿着一枝 40 发魔术弹在住宅楼下草坪上燃放,小梁(13 岁)见状前去帮忙。因魔术弹没有引线,小梁向叶某要了一个小烟花插进魔术弹筒里,引火后即警告在场的男孩小旭(9 岁)走开,但小旭没有走开,反而侧头用眼朝魔术弹筒内窥看,魔术弹喷出击中小旭右眼,最后烟花在小颖手上爆炸。经法医鉴定:小旭的右眼外伤性白内障,视力仅能看到眼前手动,已构成重伤。小旭后将小颖和小梁告到法院。

被告小颖方辩称,烟花不是小颖从家中拿出去的,而是外面捡的,没有点燃,后由其他男孩点燃。该烟花致伤小旭,与小颖毫无关系,不应将小颖列为被告。被告小梁方辩称,致伤原告的烟花虽为小梁点燃,但该烟花由小颖提供,火种由叶某提供,原告在听到警告后仍走近烟花观看,致使损害结果发生。该损害结果是由 4 人的混合过错造成的,应追加叶某为本案共同被告,各自承担相应的民事责任。

法院认为:被告小颖提供并手持烟花让被告小梁燃放,造成原告右眼伤残。两被告应当承担侵害他人身体造成损害的民事责任。原告在小梁等人发出警告后,仍朝烟花筒内窥看,其行为也是造成损害发生的原因之一,可以减轻两被告的民事责任。小颖的行为是造成损害的主要原因,应当承担主要责任,小梁承担一定责任。鉴于两被告是共同侵权,应当承担连带责任。小颖、小梁分别为无民事行为能力人与限制民事行为能力人,他们的民事责任应当由其监护人承担。最后,判决小颖的父母承担原告损失 45% 的责任,小梁的父母承担原告损失 35% 的责任,其余数额由原告的监护人承担。两被告的父母对确定的赔偿额相互承担连带责任。驳回追加叶某为被告的诉讼请求。

法律智慧

虽然连带责任要求每一个连带责任人作为整体共同对受害人承担责任,但在连带责任的内部,每一个连带责任人的主观过错程度和客观行为的原因力都可能是不一样的,应当在连带责任人之间公平地确定各自的责任份额。这种内部责任份额的确定才是连带责任最终责任的体现。因此,法院在判决两被告承担连带责任的基础上,根据小颖和小梁在致原告小旭损害的行为原因力的大小确定其内部责任的份额。

法条链接

《侵权责任法》第十四条　连带责任人根据各自责任大小确定相应的赔偿数额；难以确定责任大小的，平均承担赔偿责任。

支付超出自己赔偿数额的连带责任人，有权向其他连带责任人追偿。

律师提示

确定连带责任人内部责任份额的主要依据是过错程度和原因力，在某些特殊案件中还可以考虑行为人的非法获利、经济负担能力等情况。对于份额的确定，法律有规定的，应当依照法律的规定。如果根据过错和原因力难以确定连带责任人责任大小的，可以视为各连带责任人的过错程度和原因力大小是相当的，在这种情况下应当由连带责任人平均承担赔偿责任。

15. 未经本人同意，酒店刻录婚礼光盘在电视台播放打广告的，需要承担哪些责任？

生活场景

2008年10月8日，郭某夫妇为儿子小郭、儿媳小杨在 A 酒店举办婚礼。事后该酒店未经郭家人同意刻制了婚礼过程的光盘。同年12月4日，当地 Y 电视台根据 A 酒店提供的素材，在某生活栏目广告段插播介绍 A 酒店的经营形式，其中播出了小郭与小杨举办婚礼的场面。12月7日，郭家人发现后与 A 酒店交涉，Y 电视台便停止了播放。郭家人认为 A 酒店和 Y 电视台未取得其同意，在电视上播出婚礼场面，给家人心里带来巨大压力和不良社会影响。于是将 A

酒店和 Y 电视台告上法庭,要求二被告在原来播放婚礼场面栏目的
三个频道播出对原告赔礼道歉、消除影响的声明,要求每个频道每天
一次,连续播出一周,并赔偿精神损害抚慰金。

这不是我结婚时的录像吗?怎么在电视上播了?

　　另查明,2008 年 11 月 28 日 Y 电视台与 A 酒店签订了一份广
告合同,合同约定:"A 酒店(甲方)委托 Y 电视台(乙方)发布业务广
告;甲方负责提供业务广告素材,负责素材的合法性;甲方应在 2008
年 12 月 15 日前付清当期全部广告费 4000 元。"法院认为,被告 Y
电视台和 A 酒店在未经四原告本人同意的情况下,利用其举办婚礼
的场面做广告获取利益,其行为已侵犯了四原告的肖像权,原告要求
二被告消除影响、赔礼道歉的要求,应予支持。原告要求被告赔偿精
神损害抚慰金的理由,符合法律的规定,应予支持,但四原告要求精
神抚慰金数额过高,可酌情由被告 A 酒店赔偿每人 2000 元为宜。
因二被告之间签订有广告合同,合同规定 A 酒店负责素材的合法
性,光盘系 A 酒店提供给 Y 电视台,故 Y 电视台不承担赔偿责任。
法院判决被告 Y 电视台和 A 酒店在该生活栏目播出一周(每天三
次)为四原告赔礼道歉的声明(具体内容由法院审定);被告 A 酒店
赔偿四原告每人精神损害抚慰金 2000 元;驳回四原告的其他诉讼
请求。

法律智慧

《侵权责任法》第十五条规定了承担侵权责任的八种方式。法院在本案中适用了赔偿损失、赔礼道歉和消除影响的责任方式。

赔偿损失是最常见的侵权责任方式,适用于各种侵权行为的场合。赔偿损失要坚持完全赔偿的原则,同时又要坚持公平合理的原则。因 A 酒店是通过电视台做广告,影响面较广,法院酌情支持原告部分赔偿请求,是符合法律规定的。

消除影响主要是侵害公民、法人的人身权所承担的侵权责任方式。一般说来,在什么范围内损害的,就应当在什么范围内消除影响。例如,某报记者无中生有捏造事实,在报纸上报道某演员道德败坏,他就应当在报上声明他以前的报道纯属子虚乌有,为人格受到损害的演员恢复名誉。本案中,法院即判令 Y 电视台和 A 酒店在播出广告的同一栏目播放声明消除影响。

侵权法上的赔礼道歉与一般道义上的赔礼道歉不同,前者是在国家强制力的威胁下实施的。单纯的赔礼道歉虽然不会给侵害人的财产带来什么影响,但反映了国家和社会对该人不法行为的强烈谴责。这种责任方式的适用,往往可以缓和矛盾,有利于促进双方当事人的团结,体现法律的公正。

法条链接

《侵权责任法》第十五条 承担侵权责任的方式主要有:

(一)停止侵害;

(二)排除妨碍;

(三)消除危险;

(四)返还财产;

(五)恢复原状;

(六)赔偿损失;

（七）赔礼道歉；

（八）消除影响、恢复名誉。

以上承担侵权责任的方式，可以单独适用，也可以合并适用。

《民法通则》第一百条　公民享有肖像权，未经本人同意，不得以营利为目的使用公民的肖像。

最高人民法院关于贯彻执行《中华人民共和国民法通则》若干问题的意见（试行）　139. 以营利为目的，未经公民同意利用其肖像做广告、商标、装饰橱窗等，应当认定为侵犯公民肖像权的行为。

律师提示

没有侵权责任方式，《侵权责任法》就没有任何威慑力，该法第一条所强调的立法目的就似空中楼阁，成为一句空话，无法实现。侵权责任方式，是指赔偿义务人依法应当对侵权损害承担的不利法律后果的方式或类别。现代社会侵权形态的多样化，也需要侵权责任方式的多样化。除了上文提到的三种侵权责任方式外，还有以下五种方式：

1. 停止侵害。这是适用于各种侵权行为的一种基本的侵权责任方式，是防止侵害后果扩大的有效措施。任何正在实施侵害国家、集体的财产或侵害他人人身、财产的违法行为人，都应当停止其违法行为，不论这种侵害行为持续多久，也不论他是否知道或应当知道其行为是违法的侵权行为。例如，污染环境的，应立即停止污染行为；传播有损他人名誉言论的，应停止传播等。

2. 排除妨碍。违法行为人的行为使受害人无法行使或不能正常行使自己的财产权利、人身权利时，受害人有权要求排除妨碍，不论侵害人的妨碍有无故意或过失。例如，在通道上施工、设置障碍影响路人通行的,就将障碍除去;在他人窗前堆放物品,妨碍其采光、通风的,应当将物品搬走;制造噪声影响邻居工作、休息的,应排除声源等。

3. 消除危险。即消除对国家、集体财产或者他人人身、财产确有造成损害或再次造成损害的危险来源。例如,房屋的所有人或管理人不修缮房屋,致使房屋处于随时可能倒塌,危及他人人身、财产安全时,他就应当承担消除危险的民事责任。

4. 返还财产。例如,买东西的时候人家多找了钱,应当返还;侵占他人财产的也应当返还。当然,返还的财产原物须存在,否则应当折价赔偿。

5. 恢复原状。这时须有修复的可能和修复的必要。例如,在施工中损坏下水道的,应当修复,才能保护权利人的合法权益,满足其需要。如果财产被破坏得无法修复,或者虽可修复,但从经济效益上讲是不合算的或所有人已不需要,则不能适用恢复原状的侵权责任,而应当折价赔偿。

16. 侵害他人造成人身损害的,应当赔偿哪些费用?

生活场景 1

2011 年 3 月 1 日下午,浙江省境内某高速公路一辆大型普通客车碰撞护栏后发生猛烈撞击,造成 3 人死亡、5 人受伤。事故中,人身损害赔偿的范围包括哪些? 如何计算?

法律智慧

在我国,人身损害赔偿的依据最早可以追溯到《民法通则》第一百一十九条。《最高人民法院关于审理人身损害赔偿案件适用法律若干问题的解释》第十七条也详细规定了人身损害赔偿的范围。《侵权责任法》第十六条规定了人身损害造成不同结果时的赔偿范围。该条删除了"被扶养人生活费"。主要理由是在将残疾赔偿金和死亡赔偿金界定为物质性损害赔偿之后，其计算标准即为受害人因残疾和死亡减少的收入，而被扶养人生活费本身就应由受害人支付，在其减少的收入已得到赔偿的情况下，自然不再赔偿本应由受害人支付的被扶养人生活费。

法条链接

《侵权责任法》第十六条 侵害他人造成人身损害的，应当赔偿医疗费、护理费、交通费等为治疗和康复支出的合理费用，以及因误工减少的收入。造成残疾的，还应当赔偿残疾生活辅助具费和残疾赔偿金。造成死亡的，还应当赔偿丧葬费和死亡赔偿金。

生活场景 2

王明就是在该交通事故中受伤的受害人之一。因伤情严重，王明被实施了右小腿中下段截肢术及右小腿胫前伤口清创缝合术。王明于 2011 年 6 月 27 日出院，实际住院治疗 118 天。出院时，医院开具了住院收费清单（含手术费、化验费、放射费、麻醉费、输血费、材料费、治疗费、中西药费、床位费等），合计为 24500 元。出院医嘱：渐加强患肢功能锻炼，后期装假肢辅助行走。

法律智慧

医疗费的赔偿原则是赔偿受害人在遭受不法侵害时实际支出的医疗费，人民法院将按照医疗机构出具的医药费、住院费等收款凭证并结合病历和诊断证明等相关证据确定医疗费的数额。实践中，具体包括：(1) 挂号费，包括医院门诊挂号、专家门诊挂号和法医验伤门诊挂号,凡为治疗所需而支付的挂号费用,均应列入赔偿范围;(2)医药费;(3)治疗费,包括打针、换药、针灸、理疗、手术、化疗、激光疗法、骨折固定、骨牵引、矫形、消除疤痕、整容等一系列与治疗有关的费用;(4)检查费,包括X光透视、CT检查、B超检查等费用;(5)住院费;(6)其他医疗费用,如必要和可能实行的器官移植费、聘请院外专家会诊费等,均应列入赔偿范围。

法条链接

《最高人民法院关于审理人身损害赔偿案件适用法律若干问题的解释》第十九条 医疗费根据医疗机构出具的医药费、住院费等收款凭证,结合病历和诊断证明等相关证据确定。赔偿义务人对治疗的必要性和合理性有异议的,应当承担相应的举证责任。

医疗费的赔偿数额,按照一审法庭辩论终结前实际发生的数额确定。器官功能恢复训练所必要的康复费、适当的整容费以及其他后续治疗费,赔偿权利人可以待实际发生后另行起诉。但根据医疗证明或者鉴定结论确定必然发生的费用,可以与已经发生的医疗费一并予以赔偿。

律师提示

医疗费的赔偿数额在计算时应注意以下问题。

(1) 根据"谁主张,谁举证"的举证责任分配规则,赔偿权利人应就医疗费支出提供证据,对于该证据,应经赔偿义务人质证,才能作为医疗费的赔偿依据。

(2) 人民法院对赔偿权利人提供的证据,结合案情审查,如用药、转院是否合理,总体花费与病情是否相符等,并结合病历和诊断证明等相关证据予以确认。

(3) 后续治疗费的赔偿可以采取以下方法：①待后续治疗费实际发生后，由赔偿权利人另行起诉；②采用定型化赔偿方法，但前提是"根据医疗证明或鉴定结论确定必然发生"。

生活场景 3

医院治疗告一段落后，2011 年 7 月 6 日，王明自行委托市法医临床司法鉴定所对其交通事故损伤进行伤残等级鉴定。同年 7 月 9 日，该所出具鉴定意见为：王某受损伤评定为六级伤残。王明为某事业单位工作人员，现可证明其工资收入为 150 元/天。

法律智慧

误工时间根据医疗机构证明确定。受害人因伤致残持续误工的，误工时间可以计算至定残日前一天。定残日指伤残鉴定机构对受害人的残疾程度或残疾等级出具鉴定意见之日。至于定残日之后，因完全或部分丧失劳动能力而导致的预期收入损失应当以残疾赔偿金的方式予以赔偿，就不属于误工费之列。因此，王明的误工费应为 150 元/天×(118＋11)天＝19350 元。

法条链接

《最高人民法院关于审理人身损害赔偿案件适用法律若干问题的解释》第二十条 误工费根据受害人的误工时间和收入状况确定。

误工时间根据受害人接受治疗的医疗机构出具的证明确定。受害人因伤致残持续误工的，误工时间可以计算至定残日前一天。

受害人有固定收入的，误工费按照实际减少的收入计算。受害人无固定收入的，按照其最近三年的平均收入计算；受害人不能举证证明其最近三年的平均收入状况的，可以参照受诉法院所在地相同或者相近行业上一年度职工的平均工资计算。

生活场景 4

王明住院治疗期间,因伤情所需,需有两名陪护人员 24 小时轮流陪护,陪护人员为其妻张女士和护工李某。张女士无固定工作及收入,护工每天的劳务报酬为 80 元。

法律智慧

护理费赔偿的前提是受害人受到损害,生活不能自理或者不能完全自理,需要有人进行护理。是否需要护理,应当有医疗单位或鉴定机构的明确意见。王明住院期间的护理费为 80 元/天×118 天×2＝18880 元。

法条链接

《最高人民法院关于审理人身损害赔偿案件适用法律若干问题的解释》第二十一条 护理费根据护理人员的收入状况和护理人数、护理期限确定。

护理人员有收入的,参照误工费的规定计算;护理人员没有收入或者雇佣护工的,参照当地护工从事同等级别护理的劳务报酬标准计算。护理人员原则上为一人,但医疗机构或者鉴定机构有明确意见的,可以参照确定护理人员人数。

护理期限应计算至受害人恢复生活自理能力时止。受害人因残疾不能恢复生活自理能力的,可以根据其年龄、健康状况等因素确定合理的护理期限,但最长不超过二十年。

受害人定残后的护理,应当根据其护理依赖程度并结合配制残疾辅助器具的情况确定护理级别。

律师提示

　　"护理依赖程度"和"配置残疾器具情况"可以参考以下标准:《人体重伤鉴定标准》、《人体轻伤鉴定标准(试行)》、《职工工伤与职业病致残程度鉴定》(第3.1.4条)和《职工非因工伤残或因病丧失劳动能力程度鉴定标准(试行)》。

生活场景 5

　　王明出院回家时花了90元车费,当初妻子从家里赶到医院花了160元打的费,都有相应票据。

法律智慧

　　交通费是指受害人及其必要的陪护人员因就医或者转院所实际发生的用于交通的费用。交通费的赔偿规定得较为严格,强调受害人就医支出的费用,强调实际发生的费用。因此,王明可以请求赔偿的交通费为90元+160元=250元。

法条链接

　　《最高人民法院关于审理人身损害赔偿案件适用法律若干问题的解释》第二十二条　交通费根据受害人及其必要的陪护人员因就医或者转院治疗实际发生的费用计算。交通费应当以正式票据为凭;有关凭据应当与就医地点、时间、人数、次数相符合。

律师提示

　　应注意:(1) 交通费应当参照当地国家机关一般工作人员出差的车旅费标准支付。乘坐的交通工具以普通公共汽车为主,特殊情况下,可以乘坐救护车、出租汽车,但应当由受害人说明使用的合理性。乘坐火车应当以普通硬座为主,特殊情况需要乘坐软座、卧铺的,应当容许,但应当由受害人说明乘坐的合理性。一般情况下,不准许乘坐飞机,紧急情况除外,也应由受害人说明乘坐的合理性。(2)赔偿义务人赔偿交通费以受害人提供的正式票据为支付凭证,没有正式票据的,一律不赔。这里的正式票据,包括税务发票、汽车票、火车票、船票、出租车票等。(3)正式票据应与就医地点、时间、人数、次数相吻合,不吻合的从赔偿数额中扣除。

生活场景 6

王明住院的 118 天在医院食堂订餐,可以得到伙食补助费吗?

法律智慧

国家财政部《中央国家机关和事业单位差旅费管理办法》规定,伙食补助费每人每天的补助标准为:省外 50 元,省内 30 元。王明在省内医院治疗,伙食补助费为 30 元/天×118 天=3540 元。

法条链接

《最高人民法院关于审理人身损害赔偿案件适用法律若干问题的解释》第二十三条 住院伙食补助费可以参照当地国家机关一般工作人员的出差伙食补助标准予以确定。

受害人确有必要到外地治疗,因客观原因不能住院,受害人本人及其陪护人员实际发生的住宿费和伙食费,其合理部分应予赔偿。

律师提示

注意:(1)赔偿权利人仅限于住院的受害人,陪护人员没有住院伙食补助费;(2)住院伙食费的补助标准参照当地国家机关一般工作人员的出差标准予以确定。

生活场景 7

　　王明因为失血过多,面色苍白,体质很虚弱。医嘱"可使用一些补血的营养品"。如果王明购买了营养品,这笔花费,有赔偿吗?

法条链接

　　《最高人民法院关于审理人身损害赔偿案件适用法律若干问题的解释》第二十四条　营养费根据受害人伤残情况参照医疗机构的意见确定。

生活场景 8

　　经鉴定,王明的伤情被评定为六级伤残。同时,王明在住院治疗期间由某假肢矫形有限公司出具的检查报告内容为:"……王明属于右小腿胫腓骨中端截肢,且胫前肌有大面积植皮,适合安装国产普及型配凝胶套假肢,国产普及型低档假肢:14800.00元;国产普及型中档假肢:25600.00元;国产普及型高档假肢33680.00元。假肢在使用过程中需维修和更换,一般因截肢者的活动能力、残肢状况、年龄和职业等不同,假肢使用寿命也不同。正常使用情况下,成年假肢每四年更换一次,每年维修费用大约是假肢价格的5%,安装假肢和维修假肢期间的食宿自理。"

法律智慧

　　我国目前确定伤残等级的标准有三个:(1)交通事故、医疗纠纷等引起的人身损害伤残评定,适用国家《道路交通事故受伤人员伤残评定标准》;(2)工伤和职业病引起的人身损害,适用国家《职工工伤与职业病致残程度鉴定标准》;(3)人民法院审理刑事、民事和行政案件中涉及的人体损伤残疾程度的鉴定,适用国家《人体损伤程度鉴定标准》。王明的六级伤残,是根据前一标准确定的。残疾辅助器具主要包括假肢及其零部件、假眼、助听器、盲人阅读器、助视器、矫形器等。器具要"普通"而"适用",费用标准要"合理"。伤情有特殊需要的、假肢多少年要换新的(更换周期)、一次性的赔偿要考虑多少年(赔偿期限)等问题,因专业技术性太强,法院一般要参照配制机构的意见确定,一般采取一次性赔偿方法,如果超过确定的辅助器具给付年限,被害人仍需使用残疾辅助器具的,可以向人民法院起诉请求继续给付辅助器具费。

本案中,王明可适当安装国产普及型中档假肢,价格为 25600 元,使用年限为 4 年,年维修费为假肢价格的 5% 即 1280 元,每次的装配期为 20 天,装配期间陪护一人,食宿费酌定为 50 元/人·天。王明现年 27 周岁,计算至其 70 周岁,装配及更换假肢共计 12 次,由此计算王明残疾器具费为 25600 元/次×12 次＝307200 元,假肢维修费为 1280 元/年×43 年＝55040 元,装配期间的食宿费为 50 元/人·天×20 天×2 人×12 次＝24000 元,护理费为 80 元/天×20 天×12 次＝19200 元,误工费为 150 元/天×20 天×12 次＝36000 元,以上共计 441440 元。

残疾赔偿金＝受诉法院所在地上一年度城镇居民人均可支配收入(农村居民人均纯收入)标准×伤残赔偿系数×赔偿年限。伤残赔偿系数根据伤残评定级别计算。伤残等级从一级到十级,共有十等,一级最重,十级最轻。伤残评定为一级伤残的,按全额赔偿,即100%;二级至十级的,则以 10% 的比例依次递减。

王明现年 27 周岁,2010 年度浙江省城镇居民人均可支配收入为 27359 元,所以王明的残疾赔偿金为 27359 元×20 年×50%＝273590 元。综上,王明可获得的损害赔偿数额为医疗费＋误工费＋护理费＋交通费＋伙食补助费＋残疾辅助器具费及相关费用＋残疾赔偿金＝24500元＋19350元＋18880元＋250元＋3540元＋441440元＋273590元＝781550元。此外，王明还可请求适当的精神损害赔偿。

法条链接

《最高人民法院关于审理人身损害赔偿案件适用法律若干问题的解释》第二十五条　残疾赔偿金根据受害人丧失劳动能力程度或者伤残等级，按照受诉法院所在地上一年度城镇居民人均可支配收入或者农村居民人均纯收入标准，自定残之日起按二十年计算。但六十周岁以上的，年龄每增加一岁减少一年；七十五周岁以上的，按五年计算。

受害人因伤致残但实际收入没有减少，或者伤残等级较轻但造成职业妨害严重影响其劳动就业的，可以对残疾赔偿金作相应调整。

《最高人民法院关于审理人身损害赔偿案件适用法律若干问题的解释》第二十六条　残疾辅助器具费按照普通适用器具的合理费用标准计算。伤情有特殊需要的，可以参照辅助器具配制机构的意见确定相应的合理费用标准。

辅助器具的更换周期和赔偿期限参照配制机构的意见确定。

生活场景 9

现年38岁的张海是广西的农民，此次坐大客车来看亲戚，在该交通事故中不幸身亡。他的丧葬费和死亡赔偿金如何计算呢？

法律智慧

丧葬费请求权的主体是为死者实际支付了丧葬费的人，包括受害人的亲属、朋友以及其他的人。对丧葬费和死亡赔偿金可采取定额化赔偿的方法。

浙江省 2010 年度职工月平均工资标准为 2290 元。张海的丧葬费为:2290 元/月×6 个月＝13740 元。浙江省 2010 年农村居民人均纯收入为 11303 元/年。张海的死亡赔偿金为:11303 元/月×20 年＝226060 元。根据《侵权责任法》第十七条规定,张海的死亡赔偿金可以与本次车祸其他死者按统一数额赔偿,而不再个别计算。

法条链接

《最高人民法院关于审理人身损害赔偿案件适用法律若干问题的解释》第二十七条 丧葬费按照受诉法院所在地上一年度职工月平均工资标准,以六个月总额计算。

第二十九条 死亡赔偿金按照受诉法院所在地上一年度城镇居民人均可支配收入或者农村居民人均纯收入标准,按二十年计算。但六十周岁以上的,年龄每增加一岁减少一年;七十五周岁以上的,按五年计算。

17. 因同一事故造成多人死亡的,死亡赔偿金应如何确定?

生活场景

2008 年 11 月 15 日 15 时 15 分,杭州风情大道地铁施工工地(地铁湘湖站北 2 基坑)发生大面积地面塌陷事故,造成 21 人死亡、24 人受伤的重大惨剧,直接经济损失 4961 万元。事故发生后,政府相关部门迅速组织开展抢险救援工作。省政府也迅速成立事故调查组,严格按照有关程序依法开展事故调查工作。

经查明,这是一起重大责任事故。直接原因是施工单位违规施工、冒险作业;监测单位施工监测失效,而施工单位没有采取有效补救措施等。同时,善后处理工作也随之展开。太平洋保险股份有限公司浙江分公司参与承保了工程财产险和施工人员意外伤害险。本次事故中,对来自江西、河南等不同地方的 21 名遇难者如何确定死亡赔偿金呢?

法律智慧

一般而言,赔偿标准有两种,即定额化赔偿模式和个别化赔偿模式。前者是不考虑受害人个体特性,按照统一数额标准给付赔偿的模式;后者是考虑受害人个体特性,实行不同受害人,不同数额给付赔偿的模式。个体特性,包括户籍、个人收入、年龄、职业、受教育程度等差异。

《最高人民法院关于审理人身损害赔偿案件适用法律若干问题的解释》第二十九条将死亡赔偿金定性为受害人死亡导致家庭整体收入的减少,将赔偿标准定型化。但这种按照受诉法院所在地上一年度城镇居民人均可支配收入或农村居民人均纯收入标准计算死亡赔偿金的做法,实际上会出现不同的赔偿标准,导致同样的事故,不一样的死亡赔偿金数额。这就是备受争议的"同命不同价"。

《侵权责任法》第十七条确定了赔偿标准的定额化。但该条规定的是以"相同数额"确定死亡赔偿金,而不是以"相同标准"确定死亡赔偿金。也就是说,因同一侵权行为造成多人死亡的,人民法院可以根据实际情况确定一个具体数额,不考虑死亡个体的实际差异,所有死亡受害人的近亲属获得相同的定额赔偿。另外,死亡赔偿金数额相同并不意味着最终赔偿数额相同,因为本条仅仅规定的是死亡赔偿金的相同,在侵害生命权时,还应当赔偿医疗费、护理费、丧葬费等其他费用,这些费用并不能按此条规定予以定额赔偿。

法条链接

《侵权责任法》第十七条 因同一侵权行为造成多人死亡的,可以以相同数额确定死亡赔偿金。

律师提示

生命利益具有至高无上性和不可替代性,本身是不可估价的,不能用金钱或其他物质赔偿来衡量,死亡赔偿金不是对生命价值的赔偿,而是对因侵害生命权所引起的各种现实利益损失的补偿,是对其近亲属固有经济利益或精神利益上损失的填补。因此,死亡赔偿金是对受害人未来收入损失的赔偿,而不是对受害人死亡本身的赔偿,即不是"命价"。

需要注意的是,《侵权责任法》第十七条特别强调对因交通事故、火灾事故或踩踏事故等同一侵权行为造成多人死亡的,只是"可以"以相同数额确定死亡赔偿金,而不是"应当"或者"必须";也就是说,这只是一个任意性条款,而不是强行性规范。至于什么情况下可以,什么情况下不可以,则要根据具体案情,综合考虑各种因素后决定,既可以由法院裁判决定,也可以由当事人协商解决。

18. 侄子可以主张叔叔的死亡赔偿金吗?

生活场景

2009 年 5 月,北京平谷区农民陈某在公路上被一辆疾驰而来的公交车撞倒,当场死亡。交通事故责任认定书明确公交车逆向行驶并且车速过快,应负事故全责。死者陈某有兄妹六人,父母已不在人世,三个姐姐远嫁外地。由于陈某为智障者,本人无妻无子,遇难前一直与丧偶的大哥陈大同住一屋檐下。陈大办理完陈某的后事后,经人家提醒,开始着手向肇事方索赔事宜。由于陈大年事已高,并把索赔事项交给其子小陈办理。但是,肇事方对侄子是否有权主张叔叔的死亡赔偿金等费用提出了质疑。最后陈某的三个姐姐及陈大向小陈出具了授权委托书,由其全权代理陈某死亡的索赔事宜。

法律智慧

被侵权人仅仅受到伤害,或者被侵权人作为单位仍存在的情况下,赔偿请求权人原则上是被侵权人本人,但如果被侵权人死亡或单位分立、合并的,请求权人只能是被侵权人以外的主体。《侵权责任法》第十八条规定,被侵权人死亡的,其近亲属有权请求侵权人承担侵权责任。近亲属包括配偶、父母、子女、兄弟姐妹、祖父母、外祖父母、孙子女、外孙子女。至于近亲属享有赔偿请求权的顺位,《侵权责任法》没有明确,对于死亡赔偿金,可以参照《继承法》第十条规定的法定继承顺序,由配偶、父母和子女作为第一顺位,其他的为第二顺位,这主要是考虑到中国仍然是一个大家庭社会,无论是在农村还是在城镇,与子女的联系仍然十分密切。没有第一顺位的,第二顺位的近亲属才能请求。

然而,死亡赔偿金不能作为受害人的遗产看待,受害人的债权人无权要求从死亡赔偿金中受偿。同一继承顺序中,原则上按照共同生活的紧密程度决定继承份额,而不适用《继承法》第十三条规定的同一顺序一般应当均等的原则。

死亡赔偿金原则上应由家庭生活共同体成员取得。当事人未请求分割的,人民法院不予分割。当事人请求分割的,在考虑家庭共同生活紧密程度的前提下,还应当考虑同一顺序继承人中可否单独请求被抚养人生活费的情况,予以适当平衡。本案中,在拿到肇事方支付的 26 万元赔款之后,陈家三姐妹各取得 5 万元,剩余的由陈大取得,因为陈大一直与陈某共同生活,对陈某尽到了更多的照顾义务。

法条链接

《侵权责任法》第十八条 被侵权人死亡的,其近亲属有权请求侵权人承担侵权责任。被侵权人为单位,该单位分立、合并的,承继权利的单位有权请求侵权人承担侵权责任。

被侵权人死亡的,支付被侵权人医疗费、丧葬费等合理费用的人有权请求侵权人赔偿费用,但侵权人已支付该费用的除外。

律师提示

死亡赔偿金不属于遗产的范围,而是对死者近亲属因继承利益的丧失而给予的补偿。在日常生活中,还存在由被侵权人近亲属之外的朋友、其他人或者某一单位垫付其死亡前的医疗费甚至死亡后的丧葬费的情形。这时,实际支付费用的人也可以作为原告起诉要求侵权人赔偿这些费用。

例如,高三学生李甲,在省城读书,寄住在叔叔李乙家,放学途中被王某驾驶的摩托车撞伤,送至医院后经抢救无效死亡,由李乙支出医疗费 12000 元,丧葬费 6000 元。李甲父母与侵权人王某就死亡赔偿金达成协议,王某赔偿李甲父母 25 万元。但就应否支付医疗费及丧葬费未能达成一致,李乙将王某诉至法院,要求王某支付 12000 元医疗费,并根据《最高人民法院关于审理人身损害赔偿案件适用法律若干问题的解释》第二十六条规定,要求被告按受诉法院所在地上一年度职工月平均工资标准,以 6 个月总额计算,支付丧葬费 9000 元。

法院经审理判决,王某支付医疗费 12000 元、丧葬费 6000 元。因为原告李乙是垫付丧葬费的第三人,以实际支出该费用为限。当然,如侵权人已经将这笔费用赔偿给被侵权人的近亲属,则实际支付这些费用的人就不能再向侵权人请求赔偿,而只能要求获得赔偿的近亲属返还这些费用。

19. 未经著作权人许可,为商业目的在宣传册上使用图片的,如何确定赔偿数额?

生活场景

华盖公司是由美国 Getty 公司和优力易美公司在我国境内投资成立的中外合资经营企业。2008 年 6 月 9 日,美国 Getty 公司出具《确认授权书》一份,声明对授权书附件 A 中所列品牌的所有图像享有展示、销售和许可他人使用的权利,并将上述权利授予华盖公司在中国境内行使,并依据 2005 年 8 月 1 日生效的图像许可和销售服务协议,确认华盖公司在中国境内有权以自己的名义就任何第三方侵犯美国 Getty 公司知识产权的行为采取任何形式的法律行为。

2005 年 8 月 4 日,华盖公司注册了 gettyimages. cn 域名。后华盖公司发现某医院在“现代健康人”宣传册中使用的内容——洗苹果的女人、海边拥抱的情侣、讲电话的年轻女子等案涉图片与华盖公司网站展示的图片相同。2009 年 10 月,华盖公司为包括案涉图片在内的 35 张图片进行了证据保全公证,共支付公证费 500 元,同年 12 月 20 日支付律师代理费 3000 元。华盖公司认为该医院侵犯其著作财产权,遂向法院提起诉讼。

另查,中国于 1992 年加入《保护文学和艺术作品伯尔尼公约》,美国于 1989 年加入该公约。根据我国《著作权法》,美国 Getty 公司对其图片所享有的著作权应受我国《著作权法》保护。案涉图片分别登载于美国 Getty 公司和华盖公司网站,图片署名“gettyimages”,相应网页亦附有版权声明,该医院未能

就此提供足以反驳的相反证据,应认定美国 Getty 公司系案涉图片的著作权人。根据美国 Getty 公司的授权,华盖公司与本案具有直接利害关系,有权在中国境内对侵犯美国 Getty 公司图片著作权的行为提起诉讼。

法律智慧

《侵权责任法》第十九条规定了侵害财产权益时财产损失的计算。这里所指的财产,不仅包括物权、股权,还包括知识产权等财产权益。依据该法第五条,其他法律对侵权责任另有规定的,依照其规定,因此本案应当首先适用《著作权法》的规定。

本案中,对比被告医院在宣传册上使用的图片与华盖公司网站展示的图片,可判定该医院使用的图片与华盖公司享有著作权的图片具有同一性。被告医院理应知晓除法定的合理使用情形外,基于商业目的使用案涉图片应经过著作权人许可,并支付报酬。现该医院未经合法许可,在宣传册中使用案涉图片,无论该宣传册是其自行设计、制作并发行,还是委托广告公司设计、制作并发行,因被告医院均未提交证据证明其已对案涉图片的著作权状况尽到合理的注意义务并支付了相关报酬,因此医院的侵权行为是成立的。

法院认为,被告应当承担停止侵权的民事责任。原告未能举证证明其因被告侵权行为所受实际损失,被告的侵权违法所得亦无法查清,故法院根据案涉照片的类型、同类照片的合理使用费、侵权行为人的过错程度、侵权行为所造成的损害后果等因素综合确定赔偿数额。其中,原告因被告侵权行为所致经济损失,酌定为 15000 元;原告为制止被告侵权行为所支付的合理开支,经审查确定为:公证费45 元、律师代理费 3000 元;上述费用合计 18045 元。最后,法院判决被告立即停止侵犯原告编号分别为 71384714、DV442023、71384965 图片的著作权;赔偿原告经济损失及制止侵权行为的合理开支共计 18045 元;驳回原告的其他诉讼请求。

法条链接

《侵权责任法》第十九条　侵害他人财产的,财产损失按照损失发生时的市场价格或者其他方式计算。

《著作权法》第四十六条　有下列侵权行为的,应当根据情况,承担停止侵害、消除影响、赔礼道歉、赔偿损失等民事责任:(一)未经著作权人许可,发表其作品的……

《著作权法》第四十八条　侵犯著作权或者与著作权有关的权利的,侵权人应当按照权利人的实际损失给予赔偿;实际损失难以计算的,可以按照侵权人的违法所得给予赔偿。赔偿数额还应当包括权利人为制止侵权行为所支付的合理开支。

权利人的实际损失或者侵权人的违法所得不能确定的,由人民法院根据侵权行为的情节,判决给予五十万元以下的赔偿。

律师提示

对财产损害的索赔是按市场价、原价还是漫天要价?《侵权责任法》第十九条提供了关于财产损失计算的明确依据,使双方当事人有了切实可行的计算标准,减少了争执。百姓日常生活中,侵害他人财产的最主要形态是侵害物权,包括对他人的不动产、动产等财产进行毁损,如毁坏房屋、撞坏汽车、烧毁家用电器、摔碎古董花瓶等。

因侵权行为导致财产损失的,要按照财产损失发生时的市场价格计算。完全毁损、灭失的,要按照该物在市场上所对应的标准全价计算;如果该物已经使用多年的,其全价应当是市场相应的折旧价格。例如,一辆已经开了五年的汽车被毁坏,其全价应当是二手车市场上与该种车型及使用年限相对应的价格;财产部分毁损的,应当按照由于毁损使该物价值减损的相应的市场价格标准计算。如果该财产没有在市场上流通,没有市场的对应价格,可以通过评估等其他方式计算。如家传的古董,没有市场价格,就可以按照有关部门的评估价格计算。但不管怎样,大家对待自己、他人以及公共财物时,最重要的还是小心谨慎,尽量不要造成损坏。

20. 侵害他人人身权益造成财产损失的,赔偿数额如何计算?

生活场景

　　市场上治疗某疾病的药品主要由甲、乙两公司生产。2009 年 11 月,甲公司为打击竞争对手乙公司,在网络上虚构并发布乙公司生产伪劣药品的新闻。使得乙公司的声誉受到严重影响,药品销售量急速下降并遭致了全国范围的投诉和退货,损失惨重。乙公司认为,甲公司作为与其同行业的经营者,为了达到不正当竞争的目的,捏造事实并发布,严重诋毁其商业信誉、商品声誉。为此,乙公司以名誉权被侵害为由,向法院提起诉讼要求甲公司承担停止侵害、赔礼道歉并赔偿损失等侵权责任。

法律智慧

　　乙公司对甲公司侵犯名誉权的行为,可以根据《侵权责任法》第二十条要求甲公司赔偿经济损失。首先,如果乙公司能证明其销量同比下降比例及退货数量,则可直接计算出损失大小,并一次主张赔偿数额。其次,如果乙公司不能证明其损失大小,则可通过举证证明甲公司收益数额并要求按收益数额赔偿。这里甲公司收益数额的确定可通过确定甲公司药品销量同比增长数乘以每件产品的合理利润所得之积的方式计算。再次,如果不能确定甲公司收益大小,则可以考虑甲公司侵犯乙公司名誉权的影响范围、持续时间,乙公司因调查、制止侵权行为所支付的合理费用以及乙公司为消除侵权行为的不良影响所支付的合理费用等因素,确定损失赔偿数额。

法条链接

《**侵权责任法**》**第二十条**　侵害他人人身权益造成财产损失的,按照被侵权人因此受到的损失赔偿;被侵权人的损失难以确定,侵权人因此获得利益的,按照其获得的利益赔偿;侵权人因此获得的利益难以确定,被侵权人和侵权人就赔偿数额协商不一致,向人民法院提起诉讼的,由人民法院根据实际情况确定赔偿数额。

律师提示

侵害他人名誉权、荣誉权、姓名权、肖像权和隐私权等人身权益造成财产损失的,按照被侵权人因此受到的损失进行赔偿,这就是所谓全部赔偿原则。但是,侵害他人人身权益造成财产损失时,受害人因此遭受的实际财产损失往往难以计算。这时就可以按照侵权人因此获得的利益赔偿。

当出现侵权人获利情况无法证明,或者侵权人纯属恶意,不为牟利,即"损人不利己"的情况时,如果仍然坚持获利的给予赔偿,没有获利的不予赔偿,就不能很好地保障被侵权人的权益,侵权人也得不到惩罚。因此,法律规定即使没有获利的侵权人也应当承担责任。当侵权人因侵权获得的利益难以确定,被侵权人和侵权人就赔偿数额协商不一致,向人民法院提起诉讼时,人民法院将根据侵权人的过错程度、具体侵权方式、损害人身权的后果和影响确定赔偿数额。

21. 光污染严重影响睡眠的,被侵权人可以要求侵权人承担哪些责任?

生活场景

陆先生的居室西侧与上海某汽车销售服务有限公司经营场所的东侧相邻,中间间隔一条宽 15 米左右的公共通道。该公司为给其经营场所东面展厅的外部环境照明,在展厅围墙边安装了三盏双头照明路灯,每天 19 时至次日凌晨 5 时开启。这些位于陆先生居室西南一侧的路灯,高度与陆先生居室的阳台持平,最近处离居室 20 米左右,其间没有任何物件遮挡。这些路灯开启后,灯光除能照亮公司的经营场所外,还能散射到陆先生居室及周围住宅的外墙上,并通过窗户对居室内造成明显影响。在陆先生居室的阳台上,目视夜间开启后的路灯灯光,亮度达到刺眼的程度。

照得你睡不着!

陆先生认为这些路灯散射的强烈灯光,直入其居室,使其难以安睡,为此出现了失眠、烦躁不安等症状,工作效率低下。该公司设置的这些路灯,严重干扰了居民的休息,已经违反上海市《城市环境装饰照明规范》的规定,构成光污染侵害。陆先生遂将汽车销售公司诉至法院,请求判令被告停止和排除对原告的光污染侵害,拆除该路灯,公开向原告道歉,并向原告赔偿损失 1000 元。在陆先生起诉后的第三天,汽车销售公司暂停了该路灯的使用。审理中,原告将请求赔偿损失的金额变更为 1 元。

法律智慧

《侵权责任法》具有预防侵权行为发生的功效,即所谓的"防患于未然"。如果说该法的补偿功能是将重点放在受害人身上,是事后补救,那么其预防功能是将重点放在加害人方面,以阻止他从事那些为社会所不期待的行为,属于事先防范。汽车销售公司在自己的经营场所设置路灯,为自己的经营场所外部环境提供照明,本无过错。但该公司路灯的外溢光、杂散光能射入周边居民的居室内,数量足以改变居室内人们夜间休息时通常习惯的暗光环境,且超出了一般公众普遍可忍受的范围,光污染程度较为明显。光污染对人体健康可能造成的损害,目前已为公众普遍认识。在此情况下,原告诉称涉案灯光使其难以安睡,为此出现了失眠、烦躁不安等症状,符合日常生活法则。如果要等到原告实际出现某些相关疾病后才能要求被告承担责任是不合理的。

法院认为,由于被告已于诉讼期间实际停止了开启涉案路灯,并承诺今后不再使用,应予支持。因被告的侵权行为没有给原告造成不良的社会影响,故对原告要求被告公开赔礼道歉的诉讼请求,不予支持。尽管原告只主张被告赔偿其损失 1 元,但因原告不能举证证明光污染对其造成的实际损失数额,故对该项诉讼请求亦不予支持。最后,法院判决被告应停止使用其经营场所东面展厅围墙边的三盏双头照明路灯,排除对原告造成的光污染侵害;驳回原告其他诉讼请求。

法条链接

《侵权责任法》第二十一条　侵权行为危及他人人身、财产安全的,被侵权人可以请求侵权人承担停止侵害、排除妨碍、消除危险等侵权责任。

最高人民法院关于贯彻执行《中华人民共和国民法通则》若干问题的意见(试行)　162.在诉讼中遇有需要停止侵害、排除妨碍、消除危险的情况时,人民法院可以根据当事人的申请或者依职权先行作出裁定。

当事人在诉讼中用赔礼道歉方式承担了民事责任的,应当在判决中叙明。

律师提示

环境污染对人体健康造成的损害,不仅包括那些症状明显并可用计量方法反映的损害结果,还包括那些症状不明显且暂时无法用计量方法反映的损害结果。如果他人的行为威胁到自己和家人的人身安全,是事后要求补偿,还是事先进行合理阻止? 肯定是后者更能维护自己和家人的利益,毕竟"未雨绸缪"总比"亡羊补牢"好。大家在意识到危险时,要及时并敢于行使自己的合法权利。需要注意的是,在这些情况下,侵权人主要承担的是停止侵害、排除妨碍和消除危险的责任。

22. 生者被报道死亡,是否可以请求精神损害赔偿?

生活场景

2005年1月26日,《中华读书报》第5版刊登文章,称我国著名的化学工程学家、中科院陈家镛院士已"巨星陨落",震惊了整个学术界,各地的吊唁电话也纷至沓来。而当时陈院士虽已 84 岁高龄但身体健康,仍能够上班为科教兴国尽力。不堪其扰的陈院士认为《中华读书报》置其人格于不顾,违反新闻法和新闻工作者的职业道德,严重损害其声誉,给他及其所在单位造成了极坏影响。现询问电话扰乱了全家人的生活,使他寝食不安。作为该消息的始作俑者《中华读书报》的上级主管单位,光明日报社应当承担民事责任。于是,陈院士一气之下将光明日报社诉至法院,要求被告消除影响、恢复名誉,赔偿精神损害抚慰金人民币 5 万元。

我不是还活得好好的吗你们怎么说我死了?!

某读书报接待

法院认为,被告作为《中华读书报》的主办单位,负有对文章内容进行审核的义务,其未经审核即刊文报道陈院士去世,并配有陈院士的照片,报道严重失实,足以造成对陈院士人格利益的侵害。陈院士具有较高的知名度和社会影响,称其死亡的虚假消息的发布,足以给其带来比一般常人更严重的损害,使其承受巨大精神痛苦,故应予精神损害赔偿。考虑到被告已及时在《中华读书报》公开致歉并在《光明日报》及《中华读书报》刊登了正面宣传陈院士的文章,故而应视为被告在诉讼前及时采取适当的补救手段,承担了恢复名誉、消除影响的民事责任,对此行为法院予以认可,其不必再行承担上述责任。但上述行为,不足以完全抚慰被侵权人,故依法判令被告向原告赔偿精神抚慰金 2.5 万元。

法律智慧

《侵权责任法》第二十二条在法律层面上明确规定了精神损害赔偿。首先,精神损害赔偿适用范围限定为"人身权益"受损。针对的仅是给被侵害人造成的心理和肉体上的无形痛苦。其次,"他人"仅指自然人,不包括法人和其他组织。精神损害是指精神痛苦和肉体痛苦。法人没有感知能力,没有所谓的肉体或精神痛苦,自然也就没有精神损害。最后,请求精神损害赔偿的,必须是受到了"严重"的精神损害。一般认为,仅仅引起轻微的不高兴或不舒服的行为不构成精神损害赔偿的起诉理由。被告的行为要具备"极端的和伤害性"的性质,必须达到"超出了过正常生活所能容忍的界限"这一非常苛刻的标准。

本案中,陈院士确实受到了"严重"的精神损害,因为依我国文化传统、道德观念和民间习俗,忌讳谈论生者的死亡,尤其对年长者更属不敬,称生者死亡不但会引起周围亲朋的不安,也会使生者因此承受巨大的压力,并在精神上产生焦虑、烦恼,给其正常生活带来极大的妨碍。

法条链接

《侵权责任法》第二十二条 侵害他人人身权益,造成他人严重精神损害的,被侵权人可以请求精神损害赔偿。

《最高人民法院关于确定民事侵权精神损害赔偿责任若干问题的解释》第一条 自然人因下列人格权利遭受非法侵害,向人民法院起诉请求赔偿精神损害的,人民法院应当依法予以受理:

(一)生命权、健康权、身体权;

(二)姓名权、肖像权、名誉权、荣誉权;

（三）人格尊严权、人身自由权。

违反社会公共利益、社会公德侵害他人隐私或者其他人格利益，受害人以侵权为由向人民法院起诉请求赔偿精神损害的，人民法院应当依法予以受理。

律师提示

精神损害赔偿的目的是使侵权者足以为戒，使受害者得以抚慰救济。精神损害赔偿采用精神损害抚慰金的方式，如果致人残疾的，称为残疾赔偿金，致人死亡的，称为死亡赔偿金。

当事人在侵权诉讼中没有提出赔偿精神损害的诉讼请求，诉讼终结后又基于同一侵权事实另行起诉请求赔偿精神损害的，人民法院将不予受理。

另外，自然人因侵权行为致死，或者自然人死亡后其人格或者遗体遭受侵害，死者的配偶、父母和子女有权作为原告向人民法院起诉请求精神损害赔偿。没有配偶、父母和子女的，其他近亲属可以作为原告提起诉讼。

值得注意的是，只有造成他人严重精神损害的，才能获得精神损害赔偿。司法实践中的主要做法是以达到伤残标准作为构成严重精神损害的主要依据。原则上，只有达到伤残等级标准，才能提起精神损害赔偿。至于没有达到伤残等级标准的精神损害是否构成严重后果，视情况而定。精神损害赔偿的数额一般根据被侵权人的过错程度以及侵害的手段、场合、行为方式等具体情节与侵权行为所造成的后果、侵权人的获利情况、侵权人承担责任的经济能力及受诉法院所在地平均生活水平等因素确定。

23. 帮邻居抓小偷而使自己受伤，小偷逃跑了，邻居需要承担责任吗？

生活场景

一天晚上，家住杭州某小区的王大叔下夜班回家时看见有个陌生青年在鬼鬼祟祟地撬邻居赵某家的门。王大叔上前质询，对方转身就要逃跑。王大叔赶紧站在楼梯口一把抓住对方的胳膊。小伙子使劲推了王大叔一下，王大叔脚下踩空，从楼梯上摔了下去。

小偷也趁机逃跑了。事后，王大叔由妻子陪着到医院看病，前后花了不少医药费。"既然是帮赵某出头，赵某是不是应该有所表示。"王大叔一家认为，这笔医药费该由赵某承担一部分。可是赵某却以不了解情况为由，拒绝承担医疗费，并称王大叔摔倒是小偷所为，应该报警抓住小偷，由小偷承担全责。赵某的态度顿时让王大叔一家人心里凉了半截。他们认为，王大叔出于好心，阻止了盗窃事件的发生，避免了赵某一家财物的损失。赵某是这件事的最终受益人，承担医疗费是合情合理的。但赵某态度却很强硬，一直不愿意承担责任。

法律智慧

《侵权责任法》第二十三条对王大叔的这种情况进行了规范，明确了受益人的补偿责任。该条与先前的相关规定相比，修改了受益人补偿责任的前提,由原来的"没有侵权人、不能确定侵权人或者侵权人没有赔偿能力"修改为"侵权人逃逸或者无力承担责任"。

受益人的补偿责任主要适用于以下情形:(1) 侵权人逃逸。侵权人为躲避承担对己不利的法律责任而离开不知去向且无法确定侵权人身份。否则,如果侵权人已被确定身份而离开不知去向的情形下,被侵权人仍可以侵权人为被告起诉要求法院判令其承担侵权责任。即便侵权人不到庭参加诉讼,法院也可以通过缺席判决的方式执行其名下财产。当侵权人名下无财产可供执行时,则可类推"无力承担责任"情形,要求受益人给予适当补偿。(2) 侵权人无力承担责任。此时,不能无期限地等待侵权人有赔偿能力后再由其赔偿行为人的损失,而是由受益人在受益范围内给予适当补偿。在两种情况下,一般以不超过受益人的受益范围为最高限额。本案属于第一种情况,小偷逃逸不知去向且无法确定其身份,赵某作为受益人,应当对王大叔的损失给予适当补偿。

《侵权责任法》第二十三条赋予法官一定的自由裁量权,具体的补偿数额由法官根据具体案情,综合双方当事人的经济状况、受害人遭受人身损害的状况、受益人受益大小、受益人是否存在过错等因素,作出灵活的处理。

法条链接

《侵权责任法》第二十三条 因防止、制止他人民事权益被侵害而使自己受到损害的,由侵权人承担责任。侵权人逃逸或者无力承担责任,被侵权人请求补偿的,受益人应当给予适当补偿。

律师提示

"英雄受伤该谁负责的问题"一直是社会关注的焦点。以前,针对没有侵权人、侵权人逃逸或无力承担等情形时,法院一般都是根据《民法通则》第一百零九条中"受益人也可以给予适当的补偿"来处理。而"可以给予适当的补偿"意味着既可"补偿",也可以"不补偿"。《侵权责任法》第二十三条把"可以"改成了"应当",这就带有了强制性。法官在裁量上就从"赔不赔"变成了"赔多少",英雄们再也不必流血又流泪了。

　　要求受益人承担适当补偿义务的条件有:(1) 行为人是为了维护国家、集体或者他人合法权益而导致自己受到损害,这种损害既包括人身损害,也包括财产损害。(2) 受益人是行为人保护的对象或者实际利益的享有者。一般来说,受益人是否实际地受到了保护或享有了利益不影响其成为受益人,但可以成为确定受益人的补偿范围的一个依据。(3) 行为人未能从侵权人那里获得足够的补偿,或者根本就没有得到补偿。

24. 小孩溺水身亡,是否可以根据公平责任原则要求同行同伴补偿?

生活场景

　　某日,8 岁的小月吃完午饭后与伙伴小阳、小灵及小诚一起去上学。途经村机站时,在小阳的提议下,四个小伙伴跑到机站后面的台阶上洗脚。刚洗一半,小月突然掉入河中。其余三人吓得呆在原地,忘了喊人营救落水的小月。距离小月落水处北 50 米是修理部,工人王某等四人当天中午均在修理部门前,听到三名小孩后来的喊叫声,四人赶忙向机站跑去。王某跑到河边后将浮出水面的小月抱上岸,但为时已晚。小月经抢救无效死亡。

　　因调解不成,小月父母将三名小伙伴告到法院,称在四人洗脚过程中,三被告无意中致小月落水而没有及时进行呼救,致使小月抢救无效死亡,要求三被告赔偿死亡赔偿金及丧葬费的 40% 计 46399 元。三被告共同辩称,小月完全是自己不小心失足落水的,并不是三被告的故意或过失行为造成,三被告也及时上岸喊人救护,小月之死与三人无因果关系,请求驳回原告的诉讼请求。

法院认为,现有证据无法证实三被告存在故意或过失致小月落水的行为,但可以证实三被告在小月落水后未及时进行呼救。在事发时,三被告均是无民事行为能力人,心智发育不全,在突发的危险面前"惊慌不已、手足无措"是正常的。不能以一个成年人的行为标准要求他们具备临危不乱和较强的应急处断能力,赋予他们救人或呼救的义务过于苛刻,故不能据此认定三被告对小月溺水死亡存在过错,三被告亦无证据证明小月对其落水具有过错,即本案原、被告对损害后果均无过错。但是,小阳提议四人下水洗脚及三被告在小月落水后没有及时进行呼救毕竟是小月溺水死亡的原因力之一,且原告失去幼女,损害后果严重,由原告独自承担经济损失有失民法公平原则。

据此,法院判定由三被告与原告共同分担经济损失,分担的比例以三被告承担原告实际损害的 20% 为宜,即 23199.50 元。因系小阳提议四人下水洗脚,故由小阳承担 23199.50 元的 50% 较为合理。由于三被告均是无民事行为能力人,其应承担的份额应由各自的监护人支付。

法律智慧

本案适用公平责任原则。该原则是指当事人双方对造成损害均无过错的情况下,由人民法院考虑受害人和行为人的财产和分担能力,责令行为人对受害人的财产损失给予适当补偿。此时,人民法院考虑的不是过错,规定的是补偿而不是赔偿,体现的是分配正义的观念。

《民法通则》第一百三十二条确立了民法的公平原则,《侵权责任法》第二十四条是公平原则在侵权领域的体现。现实生活中存在着一些既不能适用过错责任也不能适用无过错责任的纠纷,但是法院又不能以法律无明文规定拒绝予以裁判,根据公平责任原则可以顺利解决该类纠纷。本案中,因难以认定双方任何一方具有过错,根据公平责任原则处理是适当的。

法条链接

　　《侵权责任法》第二十四条　受害人和行为人对损害的发生都没有过错的,可以根据实际情况,由双方分担损失。

律师提示

　　为了避免滥用公平责任可能产生的危机,充分发挥公平责任的独有价值。理解公平责任原则时需要注意:(1)公平责任具有适用上的补充性。只有过错责任原则、无过错责任原则无法适用的情况下,公平责任才能作为一项补充规则适用。(2)损失应当较为严重,如果不分担损失则受害人将受到严重的损害,并且有悖于公平正义观念。如果损失是轻微的,就要考虑是否"小题大做"。(3)当事人的经济状况。当事人实际的经济负担能力、承受能力是考量的基本因素。

25. 侵权赔偿费用可以分期支付吗?

生活场景

　　在一次交通事故中,赵某的女儿被撞成重伤。肇事方是某小店老板。他同意赔偿56万元,但提出这是个大数目,如果一次性支付,自己的经营和生活状况将马上陷入窘境而且还不能保证能不能筹够这么多钱,一次支付能力确实有限。他要求先给付 16 万元,以后每年支付 4 万元,共支付 10 年。赵某有点不放心,如果对方以后不兑现,那赔偿承诺不是成了空头支票。

法律智慧

《侵权责任法》第二十五条对侵权赔偿费用支付方式作了规定。损害发生后,当事人可以协商赔偿费用的支付方式。协商不成的,应当一次性支付。一次性支付的好处在于可以做到一次纠纷一次解决,能够方便快捷地处理案件,同时避免将来引发纠纷。需要注意的是,一次性给付必须以金钱的形式给付,不得以其他形式代替。只有在一次性给付确有困难时才能采取分期给付的方式,而且应当提供担保。所谓的"担保",既可以是物的担保(如抵押、质押),也可以是人的担保即保证。这样有利于债权人安全、及时地获得赔偿费用,更好地保障债权人的利益。因此,赵某可以同意对方的提议,但是应当要求对方提供相应的担保。

法条链接

《侵权责任法》第二十五条　损害发生后,当事人可以协商赔偿费用的支付方式。协商不一致的,赔偿费用应当一次性支付;一次性支付确有困难的,可以分期支付,但应当提供相应的担保。

律师提示

损害发生后,当事人可以协商赔偿费用的支付方式,这体现了法律尊重当事人意思自治的原则。协商赔偿费用的结果实质上就是双方订立了一个新的合同。法律赋予依法成立的合同对双方当事人的约束力,是当事人履行义务、主张权利的依据,也是人民法院、仲裁机关解决当事人之间纠纷的依据。

第三章　不承担责任和减轻责任的情形

26. 偷摘他人果园桃子吃引起中毒，责任如何承担？

生活场景

　　某日晚，村民沈某在地里干活，感到口渴，就在附近的桃园摘了几个桃子吃。吃完桃子后，沈某觉得味道还不错，就摘了一些带回家放在冰箱上面。第二天早上，沈某的母亲和两个小孙子把这些桃子分着吃了。不料，没过多久，四人都出现了头痛、恶心、上吐下泻的症状。他们被送到医院，经诊断为有机磷农药中毒。经过紧急抢救，四人最终脱离了危险。一个多星期后，一家四口相继出院，共花去医疗费 7000 多元。

　　原来，桃园主人范某为防虫在桃子上喷洒了农药甲胺磷。沈家

你偷我的水果还来怪我！

我吃了你的水果中毒了你说怎么办？

人认为,出了这样的事双方都有责任,如果范某能承担一些医疗费这事就算过去了。但是范某不愿意,认为沈某不打招呼就到她家果园里去摘桃就是偷。那么后果也应该由他自己来承担。因协商不成,沈某四人将范某夫妇告到了法院。他们说在农村随手摘地里的瓜果吃是很平常的事儿,而范某在桃子上喷了剧毒农药,也不立个警告牌提示大家,所以他们要求法院判令范某赔偿医药费、误工费等各项经济损失。

法院认定,被告在桃子上喷洒的甲胺磷属于剧毒农药,按照有关规定不能直接喷于瓜果和蔬菜上,而被告却直接喷洒在桃子上,并且未设置警告标志,从而导致原告在不知情的情况下吃桃中毒,被告应当承担责任。但原告沈某未征得同意,擅自到果园里去摘桃,存在过错,可以减轻被告的赔偿责任。于是判决被告对原告承担40%的赔偿责任。

法律智慧

范某违反我国《农药管理条例》第二十七条关于剧毒、高毒农药不得用于防治卫生害虫,不得用于蔬菜、瓜果、茶叶和中草药材的规定,在桃子上喷洒农药,并导致四人中毒,应当承担相应的侵权责任。本案特殊的地方在于60%的责任是由受害人自己来承担的。这就是过失相抵的规则。过失相抵,是被侵权人对损害的发生也有过错的,侵权人可以此为由主张减轻自己的侵权责任,主要是减少损害赔偿的数额。确定过失相抵的赔偿数额,主要考虑过错和原因力大小。

《侵权责任法》第二十六条规定了过失相抵,其构成要件包括:(1)被害人的行为与加害人的行为是损害发生的共同原因。范某喷洒农药的行为和沈某偷摘桃子的行为共同造成了损害的发生。(2)损害结果具有同一性,且是受害人一方受到损害。(3)受害人的行为必须是不当的,不属于正当防卫、紧急避险和自助行为。

法条链接

　　《侵权责任法》第二十六条　被侵权人对损害的发生也有过错的,可以减轻侵权人的责任。

律师提示

　　在日常生活中,村民为防虫,可能会在瓜果蔬菜上喷洒农药。但一定要注意不得违反我国关于农药管理的相关规定,并且须设警示标志。如果明知他人可能偷摘而在上面喷洒剧毒农药,致他人严重损害的,甚至还要承担刑事责任。因此,建议尽量采用物理防护措施,如挖坑埋夹、围铁丝线、树立尖栅栏等。这主要是起到警示和吓唬作用,不要求达到致人严重损害的后果。

27. 铁路局要对他人卧轨自杀的行为承担责任吗?

生活场景

　　某日凌晨 6 时 36 分,厦门至西安 K244 次列车到达并临时停靠鹰厦线上清车站 1 道,值乘该次列车的西安铁路局西安客运段行李员张某在其值乘的行李车办公作业板上亲笔书写遗书 3 份,对其自杀原因及对同事、家人均做了陈述和安排后擅自下车。当该列车于 6 时 41 分开出时,张某在上清站内 1 道鹰厦线卧轨自杀死亡。事后,张某家属以西安铁路局和南昌铁路局下属单位工作人员未严格执行发送列车的操作程序是造成张某死亡的原因之一为由,将上述铁路局诉至法院,要求判令二被告承担张某死亡 45% 的责任。

　　西安铁路运输法院经审理后认为,原、被告对死者张某自杀死亡的事实均无异议。由于原告未提供证据证明二被告下属单位工作人员发送列车的行为有过错,也没有提供证据证明二被告下属工作人员发送列车的行为和张某卧轨自杀死亡结果之间有必然因果关系,故对原告的诉讼请求不予支持。判决驳回原告的诉讼请求。

法律智慧

由于张某自杀死亡系自身原因所致,与二被告下属的工作人员严格执行发送列车的行车操作规程的正常行为之间并不构成法律上的因果关系,所以二被告不应当承担赔偿责任。

《侵权责任法》第二十七条规定,损害是由受害人故意造成的,行为人免责。"受害人故意"是指受害人明知自己的行为会发生损害自己的后果,而希望或者放任此种结果的发生。本条规定对行为人免责,是指损害完全是因为受害人的故意造成的。如果有证据证明损害是由于受害人的故意造成,但也有证据证明行为人对损害的发生有故意或者重大过失的,应适用过失相抵的规定。

张某在值乘的列车上未经允许脱离工作岗位,擅离职守已属违规,并亲笔书写3份遗书,说明其已决意下车卧轨自杀。二被告提供并经原告质证的证据均证实张某所值乘的列车在启动时,二被告下属的工作人员均严格执行了发送列车的行车操作规程,正确履行了正常、正当的注意义务,主观上没有侵权的过错,客观上没有侵权的行为和损害的事实。张某自杀死亡结果与二被告所属工作人员在作业中的正常行为之间没有法律上的因果关系,故不承担赔偿责任。

法条链接

《侵权责任法》第二十七条 损害是因受害人故意造成的,行为人不承担责任。

律师提示

如果受害人故意造成自己损害而让无辜的行为人承担了责任，则是法律的悲哀。在侵权诉讼中，当被告主张受害人故意造成损害从而想免除责任时，应当由被告负担举证责任。

28. 损害是因第三人造成的，侵权人是否都可以免责？

生活场景

某日晚，王某酒后到一自助 KTV 喝酒。凌晨 3 时左右，王某离开包厢时，听到张某等人讲话声音比较大，误以为张某斥责他，便与对方发生口角。王某朝张某脸部打一巴掌，又持随身携带的一把折合式弹簧刀朝张某的左大腿处捅刺一刀，致其倒地当场死亡。后来王某被公诉机关以故意伤害罪提起公诉，张某的家属对王某提起附带民事诉讼，要求其依法受刑事制裁的同时赔偿原告的经济损失。除此以外，张某家属还将 KTV 也告上法庭，称在王某行凶过程中没有保安出来制止，没有报警并采取有效防范措施，KTV 也应承担民事赔偿责任。而被告 KTV 则认为，张某的死亡完全是由王某的行为导致，KTV 不应承担赔偿责任。

法律智慧

在张某家属和 KTV 的侵权纠纷中，后者主张应由王某来承担责任，理由是损害结果是由作为第三人的王某过错造成的。"第三人过错"是指侵权人和被侵权人之外的第三人对被侵权人损害的发生或扩大具有过错。根据《侵权责任法》第二十八条，损害是由第三人过错造成的，第三人应当承担侵权责任。但前提为"第三人过错"是造成损害的唯一原因。

虽然在本案中，王某的犯罪行为是造成张某死亡的根本原因，但KTV在当事人发生纠纷时没有及时劝架，防止伤害结果的发生，未尽合理限度内的安全保障义务，对损害的发生也有过错。因此法院据此判决王某承担侵权责任的同时，也判令 KTV 在 10％之内承担补充赔偿责任。

法条链接

《侵权责任法》第二十八条　损害是因第三人造成的，第三人应当承担侵权责任。

律师提示

"第三人过错"是免除或者减轻加害人责任的依据。例如，甲在骑车下班途中，碰巧乙和丙在路边打架，乙突然把丙推向非机动车道，甲躲闪不及，将丙撞伤。由于甲对丙突然被推向他的车是不可预见的，因此甲没有任何过错，丙的损害应由乙承担赔偿责任。

如果"第三人过错"是损害发生的唯一原因，则加害人可以免责。如果"第三人过错"不是损害发生的唯一原因，则只能根据第三人过错程度和原因力比例，适当减轻加害人的责任。

29．风吹落玻璃砸伤学生，学校能否主张不可抗力免责？

生活场景

某日 12 时 15 分午自习前，初二学生小遥跟随几个同学从教学楼后的车棚走向教室。这时开始刮风，突然从学校的教学楼上坠落下一块玻璃，砸到走在最后的小遥头上，她当即倒地。因伤情严重，小遥先后三次转院治疗，共住院治疗 57 天，累计支出医疗费

65978.33元,其所在的中学垫付39698.29元。后小遥向法院提起诉讼,要求学校除已经支付的医疗费外,还应赔偿医疗费、交通费、住院伙食补助费等共计35920.60元。

经查明:被告中学的教学楼坐北朝南共有四层,其中第三层是初三年级的教室,部分学生中考结束后按学校要求到校接受职业技术培训,但学校对该部分学生的到校时间并未作严格要求,班级亦未安排专门的值日老师值班。当天部分初三班级的教室木质窗户未能关严,有些窗户被打开并用风扣固定着。气象局气象资料显示,事发当日中午发生雷雨大风天气,大风发生时间为12:18—12:19,最大风力达8级。学校抗辩称这次事故的发生是自然灾害所致,原告作为已年满十六周岁的初二学生,应当意识到这种恶劣天气的危险性,却执意冲进风雨中导致事故的发生,学校不承担责任。

法律智慧

本案属典型的特殊侵权案件。按照《侵权责任法》第八十五条,应适用过错推定原则,即首先推定学校对此有疏于注意的过错。学校只有证明自己已经尽到注意义务,方能推翻这一推定,否则必须承担相应的赔偿责任。学校认为事故的发生是不可抗力所致,主张免责。不可抗力是指不能预见、不能避免并不能克服的客观情况,是独立于人的行为之外,不受当事人意志所支配的现象,如地震、台风、洪水、海啸、蝗灾、雪崩、泥石流等自然原因和战争、罢工、骚乱等社会原因。

《侵权责任法》第二十九条规定因不可抗力造成他人损害的,不承担责任。气象资料显示当天的天气并非自然灾害,而是一种暴雨大风天气,是一种自然现象。这场8级的大风与所向披靡的龙卷风并不完全相同,并不必然导致窗户玻璃坠落,如果教学楼上打开的窗户能够及时关闭,玻璃砸伤学生的悲剧是可以避免的。因此,这场大风不构成法律上的不可抗力。即使这场大风是台风或龙卷风,也应看学校有没有尽到最大的注意义务,如果没有,赔偿责任也是不能免除的。

法院经审理认为:教学楼的教室使用的是木窗,当天部分初三班级的教室窗户未能关严实,且学校未安排值日老师在教室值班,可见被告在履行管理保护未成年学生职责上存在明显过错,其答辩理由不能成立。据此,依法判决被告赔偿原告医疗费、住院伙食补助费、交通费等各项损失计27956.04元。

法条链接

《侵权责任法》第二十九条　因不可抗力造成他人损害的,不承担责任。法律另有规定的,依照其规定。

律师提示

将不可抗力作为侵权损害赔偿的抗辩事由,主要考虑到让人们承担与其行为无关而又无法控制的事故的后果,对行为人是不公平的,也不能起到教育和约束人们行为的积极效果。在侵权行为发生后,行为人要主张不可抗力,首先要看损害结果是不是自然灾害、罢工、骚乱等不可抗力引起的,如果不是不可抗力导致的损害,就不能以不可抗力主张免责。以不可抗力免责,不可抗力必须是损害发生的唯一原因。

此外,人们要注意,在合同履行过程中,已经构成迟延履行的,迟延履行期间发生的不可抗力不能成为免责事由。所以,当事人要正确认识和利用不可抗力,不能把它作为万能的"挡箭牌"。

30. 用随身携带匕首刺伤、刺死劫匪需要承担责任吗?

生活场景

小黄是东莞市某工业区一家五金厂的员工,每个月1500元的收入是他的血汗钱,因此每次发工资的时候都特别小心。2009 年 9 月 28 日这天,他领到了 7 月和 8 月共 3000 多元的工资,随后一直将钱带在身上。10 月 10 日 22 时,小黄正走在返回工厂的一条小路上时,突然从路旁蹿出三名男子,这三人二话不说,先把刀亮了出来,随后将小黄逼到了墙边,先是抢走手机,再对小黄搜身,还不停地用砍刀的刀背在小黄身上敲打,试图以此吓住小黄。眼见自己身上的 3000 多元血汗钱就要被劫匪们抢走,小黄立即抽出随身携带的防身匕首反抗。在扭打过程中,小黄的匕首刺中了尹某和王某两劫匪,另一人当场逃跑。尹某因腹部重伤流血过多当场死亡,王某也受了轻伤。

事后,小黄主动向当地公安机关报案。警方随后以故意伤害案将小黄移送检察机关,而检察院办案人员通过复勘案发现场,向民警了解当地的治安状况,并且针对案发时的具体场景、双方人数对比、身高对比、使用工具对比和

危险紧迫程度等细节问题,再次对实施抢劫的两名在押人员进行了详细讯问。通过深入调查分析,最终认定三名男子的持刀抢劫行为在当时已经严重危及小黄的人身安全,小黄的举动虽然造成一死一伤,但仍然属于正当防卫,故对小黄做出了不起诉的决定,他也得以重返工作岗位。

法律智慧

正当防卫是一般抗辩事由,是当公共利益、他人或本人的人身或

者其他利益遭受不法侵害时,行为人所采取的防卫措施。构成正当防卫须具备以下要件:(1) 必须有侵害事实。侵害事实在前,防卫行为在后。(2) 侵害须为不法。不法侵害包括犯罪和一般违法行为。(3) 防卫的目的是为了使公共利益、本人或者他人的人身或其他利益免受不法侵害。(4) 防卫须对加害人本人实行。(5) 防卫不能超过必要的限度。

由此可知,小黄是否构成正当防卫,关键是小黄的行为有没有超过必要限度。对"必要限度"的判断,通常应当考虑不法侵害的手段和强度两个方面。虽然小黄的行为造成一死一伤较严重的后果。但由于当时他面临的是"抢劫"这一刑法赋予"无限防卫权"的特定暴力犯罪,因此小黄的行为仍然属于正当防卫,不承担责任。

法条链接

《侵权责任法》第三十条　因正当防卫造成损害的,不承担责任。正当防卫超过必要的限度,造成不应有的损害的,正当防卫人应当承担适当的责任。

《刑法》第二十条　为了使国家、公共利益、本人或者他人的人身、财产和其他权利免受正在进行的不法侵害,而采取的制止不法侵害的行为,对不法侵害人造成损害的,属于正当防卫,不负刑事责任。

正当防卫明显超过必要限度造成重大损害的,应当负刑事责任,但是应当减轻或者免除处罚。

对正在进行行凶、杀人、抢劫、强奸、绑架以及其他严重危及人身安全的暴力犯罪,采取防卫行为,造成不法侵害人伤亡的,不属于防卫过当,不负刑事责任。

律师提示

正当防卫是保护性措施,是一种合法行为。将正当防卫作为抗辩事由,需要注意以下几点:

(1)防卫的不法侵害必须是已经着手,正在进行,尚未结束。不能"假想"自己要受到威胁而实施所谓的防卫。只有在受到不法侵害的紧急情况下才能行使防卫权,否则将构成故意伤害等刑事犯罪。

(2)防卫的目的必须是正当合法的。故意挑逗、引诱对方实施不法侵害,然后以正当防卫为借口加害于对方的行为,就不是正当防卫情况而是犯罪行为。

(3)正当防卫不能超过必要的限度,否则需要承担适当的民事责任甚至负刑事责任。一定要注意,行使"无限防卫权"的前提是必须有法律规定的那几种严重危及人身安全的特定暴力犯罪。不仅如此,行使"无限防卫权"的时间还必须是特定暴力犯罪正在进行的时候,防卫过早或者对方已停止实施危害行为再进行防卫都不行。

(4)在侵权诉讼中,由实施防卫行为并造成被防卫一方损害的当事人负担举证责任。受损害的一方如果认为防卫行为超出了必要限度而要求防卫人承担责任的,则应对超过部分构成侵权责任负担举证责任。

(5)携带管制刀具是违反治安管理法律法规的行为,但不影响正当防卫的定性。值得注意的一个细节是,小黄当时随身携带了防身匕首,而匕首是管制刀具中的一种。根据《治安管理处罚法》第三十二条规定,非法携带匕首等国家规定的管制器具的,处五日以下拘留,可以并处五百元以下罚款;情节较轻的,处警告或者二百元以下罚款。携带并使用管制刀具与正当防卫不是同一个法律关系。只要确实属于正当防卫,是不会因使用管制刀具而改变案件定性的。

31. 紧急避险造成他人损害的，应由谁承担责任？

生活场景

　　田某承包的四个鱼池位于北京 Q 缝纫制品有限公司的墙外。某年 1 月 6 日 0 时左右，Q 公司生产车间因电路短路而发生火灾。消防中队接警后迅速赶到现场进行扑救。因消防车所带水量不够，即用其中一辆消防车将水管直接送入相邻的田某承包的四个鱼池北数第二个鱼池中破冰取水，至火被扑灭，从该鱼池取水持续 40 分钟。同年 3 月份，天气逐渐转暖，冰层融化，田某在该鱼池中饲养的鲤鱼苗全部死亡，浮到水面上。而未抽水的其他 3 个鱼池没有大量死鱼现象。田某认为是救火抽水所致，找到 Q 公司及相关部门要求赔偿损失，均无结果。无奈，田某将 Q 公司诉至法院，要求判令被告赔偿其经济损失 6 万元。

　　法院经审理认为，被告因电路短路失火，消防中队采取紧急避险措施为其救火，从原告的鱼池中破冰取水，造成原告鱼池中饲养的鲤鱼苗死亡，对因此给原告造成的经济损失，被告作为受益人应当承担赔偿责任。被告辩解原告的鱼死亡是因为鱼生病等其他原因，未能提供相关证据，不予采信。原告要求被告赔偿损失 6 万元，请求赔偿额过高，法院根据当地在一般饲养条件下鲤鱼苗的产量及销售价格，酌情确定并判决：被告 Q 公司赔偿原告田某经济损失 4.5 万元。

法律智慧

　　紧急避险是为了社会公共利益、本人或者他人合法权益免受更大的损害，不得已而采取的造成他人损害的紧急措施。紧急避险是一种合法行为，是在两种合法利益不可能同时都得到保护的情况下，不得已而采用牺牲其中较轻的利益，保全较重大的利益的行为。因紧急避险造成损害的,由引起险情的人承担民事责任。

　　紧急避险的构成要件包括:(1)危险的紧迫性。Q公司是一家缝纫制品企业,其车间存有大批布匹、衣料,火势凶猛,其财产可能在瞬间化为灰烬。如果不及时将火扑灭,其损失将会很惨重,故危险具有紧迫性。(2)避险措施的必要性。因消防车的自带水量远远不足,为了避免火势蔓延给Q公司造成更大的损失,消防中队不得不紧急从原告承包的鱼池中破冰取水。如果不采取这一措施,就不足以使Q公司的合法权益避免现实的正在遭受的危险,不足以保全更大的合法权益。(3)紧急行为的合理性。紧急避险须适当并不得超过必要的限度。在当时情况下,消防中队破冰取水灭火的措施是合理的。

　　此外,虽然破冰取水与田某发现鱼苗死亡在时间上相差2个月,但事发时正值隆冬,鱼池结冰,根据日常生活经验,田某很难甚至根本不可能及时发现鱼苗死亡,只能待春暖冰融之时。如果要求田某及时发现鱼死亡,勉为其难,过于苛求。田某发现鱼死亡后,Q公司作为引起险情发生的人和紧急避险的受益人,理应积极配合,承担责任。

法条链接

　　《侵权责任法》第三十一条　因紧急避险造成损害的,由引起险情发生的人承担责任。如果危险是由自然原因引起的,紧急避险人不承担责任或者给予适当补偿。紧急避险采取措施不当或者超过必要的限度,造成不应有的损害的,紧急避险人应当承担适当的责任。

　　《刑法》第二十一条　为了使国家、公共利益、本人或者他人的人身、财产和其他权利免受正在发生的危险,不得已采取的紧急避险行为,造成损害的,不负刑事责任。

　　紧急避险超过必要限度造成不应有的损害的,应当负刑事责任,但是应当减轻或者免除处罚。

第一款中关于避免本人危险的规定,不适用于职务上、业务上负有特定责任的人。

律师提示

紧急避险由引起险情发生的人承担民事责任。这就要求每一个人谨慎行为,不要让自己的无心之举,成为他人要躲避的危险之源。紧急避险行为,只要不超过必要限度,行为人可以不承担民事责任。行为人实行紧急避险,必须是为了保护合法利益。如果是为了保护非法利益,则不构成紧急避险。例如,逃犯为了躲避公安人员的追捕而侵入他人住宅,不能认定是紧急避险,而应属于非法侵入他人住宅。

第四章　关于责任主体的特殊规定

32. 男童玩飞碟致他人损害,父母应当承担什么责任?

生活场景

2007 年 8 月 19 日晚上,7 岁男童小洲和 5 岁男童小杨在各自父母的陪同下在广场练习轮滑。小杨的父亲给他在广场的小摊上买了一个闪光飞碟。小杨在玩时,飞出去的飞碟忽然断裂,向后弹了出去,正好击中旁边小洲的左眼。经医院治疗,小洲左眼盲目 5 级,眼球萎缩内陷,已具有手术摘除适应征。经鉴定构成七级伤残。事后,小洲将小杨及其父母诉至法院,要求被告承担各项费用合计 217979.02 元。

法院经审理认为,小杨和小洲的监护人均在边上照看,都尽到了各自的监护责任。对于玩具飞碟在飞行过程中发生断裂的情况双方均无法预料,该事件应当属于突发的意外事件,双方当事人对于损害

结果的发生均无过错,但造成了受伤的损害结果,故本案应适用公平责任原则。小杨在玩飞碟致小洲损害时年仅 5 周岁,属于无民事行为能力人,小杨父母作为小杨的法定监护人,应承担本案的部分侵权责任。根据小洲的伤残程度等实际情况,小杨应承担本案 70％的赔偿责任,故对小洲诉请小杨父母承担赔偿责任的合理部分,予以支持。为此,法院判决小杨父母赔偿给原告小洲医疗费、护理费、住院伙食补助费、残疾赔偿金、伤残鉴定费、交通费等计人民币 152585元,驳回原告的其他诉讼请求。

法律智慧

我国《民法通则》第一百三十三条和《侵权责任法》第三十二条均规定,无民事行为能力人、限制民事行为能力人造成他人损害的,由监护人承担侵权责任。因此,作为无民事行为能力人小杨的监护人,其父母应当对小洲承担侵权责任。

监护,是指对无民事行为能力人、限制民事行为能力人的人身、财产及其他合法权益进行保护,除为了被监护人的利益外,不得处理被监护人的财产的法律制度。根据《民法通则》的规定,18 周岁以上的公民是成年人,具有完全民事行为能力,可以独立进行民事活动,是完全民事行为能力人。16 周岁以上不满 18 周岁的公民,以自己的劳动收入为主要生活来源的,视为完全民事行为能力人。10 周岁以上的未成年人是限制民事行为能力人,可以进行与他的年龄、智力相适应的民事活动;其他民事活动由他的法定代理人代理,或者征得他的法定代理人的同意。不满 10 周岁的未成年人是无民事行为能力人,由他的法定代理人代理民事活动。

法条链接

《侵权责任法》第三十二条 无民事行为能力人、限制民事行为能力人造成他人损害的,由监护人承担侵权责任。监护人尽到监护责任的,可以减轻其侵权责任。

有财产的无民事行为能力人、限制民事行为能力人造成他人损害的,从本人财产中支付赔偿费用。不足部分,由监护人赔偿。

律师提示

为便于操作,我国《民法通则》和《侵权责任法》均否定了限制行为能力人的责任能力,使本该承担民事责任的限制行为能力人摆脱了法律责任,而由其监护人"代其受过"。这显然与现代法律中的"自己行为,自己责任"的精神不符。因此,为了纠正这种偏差,防止监护人承担过重的、无限期的责任,在实践中,当侵权行为发生时行为人不满18周岁,在诉讼时已满18周岁,并有经济能力的,监护人的民事责任终止。同时,又根据我国大多数刚满18周岁的人还在学校读书,无实际收入来源的实际情况,引入公平原则,对无经济能力的行为人,仍让其原监护人承担民事责任,以保护受害人的合法权益。需注意,监护人责任适用的是无过错责任原则。即使监护人没有任何过错,已经尽到监护责任或者即使尽到监护责任仍然不能避免损害发生,均不能免除责任,而只能根据案件的具体情况相应减轻监护人的民事责任。

33. 醉酒驾车致他人损害的,应当如何承担侵权责任?

生活场景

某日23时20分左右,牛某驾驶奔驰车途中撞向前方同车道行驶的一辆重型厢式货车。牛某当场死亡,两车损坏。经事故调查,牛某酒精检测结果属于醉酒驾车,同时超速行驶。而被撞的货车后部无防护装置(后防护杠),并在禁行时间内超载行驶。交通事故责任认定牛某负主要责任,货车司机闫某负次要责任。由于闫某是刘某的雇员,驾车送货为从事雇佣活动,牛某家属遂起诉司机闫某及刘某,索赔26万余元。随后,刘某向法院提起反诉,要求牛某家属赔偿其营运损失等共计5.9万元。

法院经审理认为,作为完全民事行为能力人,牛某应当预见到醉酒超速驾车可能会危害公共安全,却放任结果的发生,仍然驾车上路,以致发生交通事故,造成车毁人亡的严重后果。对此,牛某应当承担主要责任。而闫某作为驾驶员,未尽到应有的注意义务,对事故的发生存有过失,应当承担次要责任。从双方的主观过错程度看,牛某的过错程度明显高于闫某。因此,法院确定牛某对此次事故所造成的损害结果,应当承担90%的民事赔偿责任,闫某承担10%的民事赔偿责任。双方当事人应当按照各自承担的责任比例,对事故给对方造成的经济损失予以赔偿。由于闫某是刘某的雇员,故刘某作为雇主应当承担赔偿责任。闫某虽然违章驾驶车辆,但对追尾事故的发生,仅属于一般过失,不承担连带赔偿责任。

法院判决,刘某赔偿牛某家属丧葬费、死亡赔偿金、交通费和车辆损失费等共计41190.3元;牛某家属赔偿刘某汽车修理费、停车及清场费、检测费和营运损失费等共计44701.65元。驳回了牛某家属其他诉讼请求及刘某其他反诉请求。

法律智慧

牛某作为完全民事行为能力人,因醉酒对自己的行为失去控制造成他人损害,应当承担侵权责任。因为在出现此种情况时,行为人实际上对其丧失辨别能力可能致人损害是明知的,对损害的发生存在过错。过错是行为人承担一般侵权责任的要件,而过错的前提是行为人要有意思能力。如果行为人丧失了意识,就无过错可言。

完全民事行为能力人造成他人损害的,应当承担侵权责任。但是,完全民事行为能力人造成他人损害时,如果已经丧失了意识,是否应当承担侵权责任?《侵权责任法》第三十三条区分行为人对其丧失意识是否有过错规定了两种情况:行为人对自己的行为暂时没有意识或失去控制无过错的,如梦游、突发疾病等,但却造成他人损害的,可以根据公平责任原则处理,根据行为人的经济状况对受害人适当补偿;如果行为人对自己的行为暂时没有意识或失去控制有过错的,如醉酒、滥用精神药品、明知发病前兆但未及时就医或采取适当措施,给他人造成损害的,应当承担侵权责任。

法条链接

　　《侵权责任法》第三十三条　完全民事行为能力人对自己的行为暂时没有意识或者失去控制造成他人损害有过错的,应当承担侵权责任;没有过错的,根据行为人的经济状况对受害人适当补偿。

　　完全民事行为能力人因醉酒、滥用麻醉药品或者精神药品对自己的行为暂时没有意识或者失去控制造成他人损害的,应当承担侵权责任。

律师提示

　　现如今,醉酒、吃"摇头丸"等现象已经成为社会问题。法律对其持否定的评价,规定只要行为人是因为醉酒、滥用麻醉药品或精神药品陷入行为失控状态,并对他人人身、财产造成损害的,行为人就应承担侵权责任。其实,《刑法》中也持相同态度,规定醉酒的人犯罪,应当负刑事责任。

34. 被劳务派遣的人员因执行工作任务造成他人损害的,用工单位要承担责任吗?

生活场景

　　盛华劳动服务公司通过人才市场招用了王某,与王某签订了为期三年的劳动合同,月薪 1450 元。因大成科技公司需要用人,盛华劳动服务公司将王某派遣进入大成科技公司,担任该公司所驻大楼的保安。某日,该公司的客户刘某到大楼办理业务,因没有出入证,王某不让其进入,双方产生争议。刘某辱骂王某是农民工,素质低,王某不堪其辱骂,拿起手中的警棍将其打伤,后王某支付刘某医疗费 5648 元。刘某诉至法院,要求大成科技公司赔偿医疗费。经查明,王某在三年前曾遭遇车祸,脑部受到较大创伤,导致轻微的精神病。

法律智慧

　　劳务派遣是指用人单位与被派遣者签订劳动合同后,再与用工单位签订劳务派遣协议,将劳动者派遣至用工单位工作,由用人单位向被派遣者支付工资、福利并缴纳社会保险费用,由用工单位提供劳动条件并对劳动者行使指挥权和管理权的用工形式。在劳务派遣中出现了专门的用人单位(即劳务派遣单位)和专门的用工单位,劳动雇佣关系与劳动使用关系相分离,被派遣者"一仆二主",这是劳务派遣的本质特征。

本案中,根据《侵权责任法》第三十四条规定,王某将刘某打伤,是其在履行职务中发生的行为,属于职务行为,因此造成的损失应该由接受派遣的用工单位,即大成公司承担。盛华公司在招用王某过程中没有发现王某存在精神疾病,将其派遣到大成公司,对侵权行为的发生也存在一定的过错,应当承担相应的补充责任。被侵权人刘某对侵权行为的发生也存在过错,可以减轻盛华公司和大成公司的赔偿责任。

在劳务派遣情形下,被派遣者与用工单位之间的关系是实际指挥控制和监督关系,被派遣者处于用工单位的控制之下。被派遣者要根据用工单位的指挥监督从事生产劳动,并要遵守用工单位的工作规程和规章制度。用工单位享受被派遣职员的工作所带来的利益,承担由此而产生的风险,符合社会正义。

法条链接

《侵权责任法》第三十四条　用人单位的工作人员因执行工作任务造成他人损害的,由用人单位承担侵权责任。

劳务派遣期间,被派遣的工作人员因执行工作任务造成他人损害的,由接受劳务派遣的用工单位承担侵权责任;劳务派遣单位有过错的,承担相应的补充责任。

《劳动合同法》第五十八条　劳务派遣单位是本法所称用人单位,应当履行用人单位对劳动者的义务。劳务派遣单位与被派遣劳动者订立的劳动合同,除应当载明本法第十七条规定的事项外,还应当载明被派遣劳动者的用工单位以及派遣期限、工作岗位等情况。

律师提示

《侵权责任法》从法律上确立了用人单位的职务侵权制度并对原有的制度进行完善。用人单位承担责任的前提之一必须是工作人员的行为构成了侵权。"工作人员"既包括用人单位的正式员工,也包括临时在单位工作的员工。用人单位承担责任的前提之二是工作人员的行为与"执行工作任务有关"。工作人员应当按照用人单位的授权或者指示进行工作。

《侵权责任法》第三十四条主要适用于劳动者与用人单位之间、公务员和国家机关之间的关系。对于用人单位的工作人员因执行工作任务造成他人损害的,被侵权人只能向用人单位主张侵权责任,而不能向工作人员主张权利,不管工作人员是否存在过错。

《侵权责任法》没有明确规定用人单位和工作人员内部责任的承担。实践中,工作人员对侵权损害的发生存在过错时,如果用人单位与其工作人员在劳动合同中对追偿权有明确约定,而且该约定不违反法律、行政法规禁止性规定的,则用人单位可以向存在过错的工作人员追偿;如果用人单位与其工作人员在劳动合同中对追偿权没有明确约定,且没有其他相应的法律规定的,用人单位不得向其工作人员追偿。

35. 雇工在提供劳务过程中造成自己和他人损害的,责任应当如何承担?

生活场景

2010年10月,村民王某为自家建两层小楼,雇了同村以及邻村的村民为其帮忙,约定每天工费80元。受雇的村民李某在接张某扔过来的砖时,一不小心从脚手架上摔下,刚好砸在正在和王某聊天的邻居赵某身上,李某和赵某均受了伤。李某认为自己在给王某盖房的过程中受伤,赵某认为自己是被王某雇用的李某砸伤,都提出让王某承担赔偿责任。而王某认为,李某是在接砖时不小心摔下的,应该自己承担责任;赵某是被李某砸伤的,责任应由李某承担。

法律智慧

本案中,王某雇李某帮忙建房,王某属于接受劳务一方,李某属于提供劳务一方,两人构成个人劳务关系。《侵权责任法》第三十五条规定,"提供劳务一方因劳务造成他人损害的",由雇主承担损害赔偿的替代责任,对雇主确立了无过错责任原则。此时,不再考虑李某致赵某损害时有无过失,相关赔偿责任直接由王某承担。对雇用关系是否存在的认定,一般有以下标准:(1) 双方有无雇用合同(口头的或书面的);(2) 雇员有无报酬;(3) 雇员是否提供劳务;(4) 雇员是否接受雇主的监督。

此外,本条还规定,"提供劳务一方因劳务自己受到损害的,根据双方各自的过错承担相应的责任"。雇员在完成受雇工作中受到损害时,有权请求雇主赔偿。雇主对雇员该损害的赔偿责任,不能以口头或书面的免责条款免除。即使雇佣合同当事人双方在合同中明确规定"雇主对雇工在劳动中的伤亡不负责任",这一规定也是无效的。因此,李某在提供劳务过程中摔伤,需要根据各自的过错分担责任。

法条链接

《侵权责任法》第三十五条　个人之间形成劳务关系,提供劳务一方因劳务造成他人损害的,由接受劳务一方承担侵权责任。提供劳务一方因劳务自己受到损害的,根据双方各自的过错承担相应的责任。

目前个人之间形成劳务关系的情况越来越多,家庭雇用保姆、小时工、家庭教师等情况已非常普遍。雇主承担替代责任,不仅有利于对受害人给予及时和充分救济,也有利于雇主加强对雇员的教育,提高自身的风险防范意识。

需要注意,本条规定不包括因承揽关系产生的纠纷。承揽合同与劳务合同的区别在于,承揽合同侧重劳务给付的结果,承揽方以自己的技能或条件能否完成工作、能否获得利益来签订合同,承揽方对工作安排拥有自主权,不受定作方控制。承揽人在完成工作过程中对第三人造成损害或者造成自身损害的,定作人不承担赔偿责任。定作人只有在对定作、指示或者选任有过失时,才承担相应的赔偿责任。

36. 网站需要对网民"人肉搜索"的行为承担侵权责任吗?

生活场景

2007 年 12 月 29 日,姜某跳楼自杀。她生前在博客中以日记形式记载了自杀前两个月的心路历程,将丈夫王某与另一女性东某的合影照片贴在博客中,认为二人有不正当两性关系,自己的婚姻很失败。姜某的日记显示出了丈夫王某的姓名、工作单位地址等信息。

天涯虚拟社区(www.tianya.cn)是由天涯公司于 1999 年 3 月注册的经营性网站。该网站制定有《天涯社区基本法》、《网站关键字过滤措施》等规定。姜某的博客日记被一名网民阅读后转发在天涯网上,后又不断被不同网民转发至其他网站上。姜某的死亡原因、王某的"婚外情"等情节引起越来越多网民的长时间持续关注和评论。

许多网民认为王某的"婚外情"是促使姜某自杀的原因之一；一些网民在进行评论的同时，在天涯论坛、大旗网等网站上发起对王某的"人肉搜索"，使王某的姓名、工作单位、家庭住址等详细个人信息逐渐被披露；一些网民在网络上对王某进行谩骂；更有部分网民到王某及其父母住处进行骚扰。直

至案件审理期间，许多互联网网站上仍有大量网民关于此事的评论文章。

2008 年 1 月 10 日，天涯网上刊出《大家好，我是姜某的姐姐》一帖。该帖讲述了姜某死亡事件的经过。王某认为，该帖捏造事实，对其进行诽谤；众多网友在跟帖时，使用了侮辱性语言，对其施行了"网络暴力"；天涯公司的行为给其和家人的生活、工作、名誉造成极为恶劣而严重的影响。王某于是将天涯公司诉至法院。经查，天涯网于 2008 年 3 月 15 日（王某起诉前）将《大家好，我是姜某的姐姐》及相关回复帖子删除。对此，天涯公司向法院提供了用于记录删除信息的《版主传来的帖子及处理结果备案》表。原告对该表的真实性未提出异议，只是表示该表不能证明天涯公司没有侵权事实。审理中，原告提出曾于 2008 年 1 月 10 日向天涯网进行投诉，要求删除包括该帖在内的相关信息，但就此事实未提供相关证据。

法律智慧

《侵权责任法》第三十六条规定了网络服务提供者的侵权责任。就网络用户利用网络实施侵权时，网络服务提供者的连带责任而言，需要区分两种情况：

（1）被侵权人通知网络服务提供者采取必要措施,网络服务提供者接到通知后未及时采取必要措施的。此时,网络用户是直接的侵权行为人,网络服务提供者只对损害的扩大部分承担连带责任。也就是说,如果网络服务提供者在接到侵权通知后采取了必要措施,则对接到通知前已经造成的损害不承担责任。

（2）网络服务提供者知道网络用户利用其网络服务侵害他人民事权益,未采取必要措施的。这里的"知道"不仅指明知,还包括应知。也就是说,网络服务提供者并非对所有通过其服务实施的侵权行为承担责任,而只有在其对侵权行为的发生或损害扩大负有过错的时候,才应承担责任。

本案中,法院经审理认为:天涯网的论坛上每天都会有大量网民留下海量信息。天涯公司作为天涯网的管理者,依照相关法律法规的规定,制定有上网规则,对上网文字设定了相应的监控和审查过滤措施,达到了相应要求;由于中国文字的丰富性、多样性以及网络语言的不断更新,网站事实上不可能将所有不雅言辞均纳入监控范围;根据目前现有的、通常的网站管理方式和技术手段,网站的管理者也不可能对所有网友的全部留言进行事前逐一审查。因此,网站管理者的监管义务应以确知网上言论违法或侵害他人合法权益为前提,在确知的情况下如果放任违法或侵权信息的存在和散播,则构成侵权;如及时履行了删除义务的,不构成侵权。天涯公司的监管义务应是在自行发现或受害人投诉后及时将涉嫌侵权的信息删除或修改。王某主张曾经向天涯网进行过投诉,因无证据佐证,无法采信。天涯公司在王某起诉前将《大家好,我是姜某的姐姐》一帖及相应回复删除,已经履行了监管义务。综上,判决驳回原告王某的全部诉讼请求。

法条链接

《侵权责任法》第三十六条　网络用户、网络服务提供者利用网络侵害他人民事权益的,应当承担侵权责任。

网络用户利用网络服务实施侵权行为的,被侵权人有权通知网络服务提供者采取删除、屏蔽、断开链接等必要措施。网络服务提供者接到通知后未及时采取必要措施的,对损害的扩大部分与该网络用户承担连带责任。

网络服务提供者知道网络用户利用其网络服务侵害他人民事权益,未采取必要措施的,与该网络用户承担连带责任。

律师提示

互联网给社会带来自由、民主和开放的同时,其相对匿名和群体激化所导致的责任感和道德感松弛,也使得网络世界成为侵权行为的高发地。网络"人肉搜索"是把双刃剑,应注意不得侵犯他人隐私。网络侵权行为侵害的权利主要有两个方面:一是人格权。人格权主要是指隐私权、肖像权、名誉权等几项权益,如"艳照门事件"。二是涉及知识产权中财产权益的损害,如未经版权人许可,随意将一些热播剧上传到网上。《侵权责任法》第三十六条第二款实际上为网络服务提供者设立了"避风港"和责任限制。与《信息网络传播权保护条例》第十四条不同的是,《侵权责任法》规定的被侵权人的通知无论是口头的还是书面的均可。

37. 顾客在洗浴中心因窒息死亡,洗浴中心要承担责任吗?

生活场景

某日 22 时左右,莫先生酒后到某大酒店桑拿浴中心洗浴,当时该酒店男浴室有一名服务员在服务,曾提醒莫先生进入浴室后不要往浴池内吐痰,后其他客人和服务员相继离开浴室,浴池间只有莫先生一人在洗澡。约过了七八分钟,浴室服务员再进入浴室时,发现莫先生面朝下倒在浴池内的水里,就大声呼叫并将莫先生扶拉上来进行急救,同时拨打 120 电话。120 医生到场后对莫先生进行检查,判定其已死亡。事后,县公安局刑事科学技术室做出法医学尸体检验意见书,认为莫先生属窒息死亡。经死者家属申请,县公证处对现场进行勘验,并作了证据保全公证书,该公证书表明酒店浴室的通风设计未达到国家的相关标准,浴室内没有酒后不能入浴池洗浴之类的警示语。于是,莫先生家属向法院提起诉讼,要求酒店经营者赔偿丧葬费、死亡赔偿金、精神损害抚慰金等共计 309344.58 元。

法院经审理认为,被告作为事发酒店的实际经营者,在从事经营活动时,负有提供符合安全要求的服务设施和服务质量的安全保障义务,对可能危及人身安全的商品和服务,应当向消费者作出真实的说明和明确的警示。发生事故的酒店浴室通风设计未达到国家的相关标准,浴池周边没有提示酒后不应入池洗浴的警示语,酒店服务人员在发现莫某往水池内吐痰的反常行为后仅提醒其不要吐痰后即自行离开浴室,且在莫某倒入浴池出现窒息后,未及时发现并给予救助。因此,被告对莫某在浴室窒息死亡的后果存在过错,应承担相应的民事赔偿责任。莫某因酒后进入浴池洗浴,增加了发生损害后果的危险因素,其本身亦有过错,应减轻被告方的民事赔偿责任。因此,被告应承担丧葬费、死亡赔偿金等合理费用的 70% 赔偿责任。

法律智慧

安全保障义务的主体是宾馆、商场、银行、车站、娱乐场所等公共场所的管理人和群众性活动的组织者。"群众性活动"包括体育比赛、演唱会、音乐会,展览、展销,游园、灯会、庙会、花会、焰火晚会,人才招聘会、现场开奖的彩票销售活动等。安全保障义务的内容是公共场所的管理人或者群众性活动的组织者所负有的在合理限度范围内保护他人人身和财产安全的义务。《侵权责任法》第三十七条规定,上述主体未尽到安全保障义务,造成他人损害的,承担侵权责任。

至于是否尽到安全保障义务,一般认为,安全保障义务要求义务人采取的措施具有充分性和现实合理性。具体包括:(1)危险预防义务的充分性,表现在尽到告知、警示、防范义务等。如本案中,洗浴中心应当向消费者作出酒后不得洗浴的相关警示。(2)危险消除义务的充分性,表现在消除和控制危险的有效性和及时性。(3)救助义务的充分性,表现为是否在损害发生后迅速及时地采取力所能及的合理措施防止损害扩大。如本案中服务员应及时发现莫某的异常情况并给予及时的救助。判断充分性时,相关法律、行政法规、政府规章及特定领域国家标准、行业标准或地方标准都可以成为参考依据。例如,我国《消防法》第十六条关于消防标准的规定。

法条链接

《侵权责任法》第三十七条　宾馆、商场、银行、车站、娱乐场所等公共场所的管理人或者群众性活动的组织者,未尽到安全保障义务,造成他人损害的,应当承担侵权责任。

因第三人的行为造成他人损害的,由第三人承担侵权责任;管理人或者组织者未尽到安全保障义务的,承担相应的补充责任。

律师提示

入住宾馆被杀害、在酒店用餐被伤害、在银行办理业务遭劫……近年来,在宾馆、商场、银行等公共场所发生顾客受损害的事例不时见诸报端。从案件发生原因看,部分经营者在安全保障上存在漏洞和问题,未尽安全保障义务,给了犯罪分子以可乘之机。当然,这里的公共场所,是指向公众提供各种公用服务的"营业服务场所",而非普通意义上的公共场所。普通意义上的公共场所,是指"公有公用"的场所,如街道、公路、广场等。

如果损害是由第三人造成的,应当由该第三人对受害人所受全部损害承担赔偿责任。未尽到安全保障义务的管理人或者组织者,仅在该第三人不能承担赔偿责任或者不能承担全部赔偿责任时,承担与其未尽安全保障义务的程度相应的补充责任。

38. 4 岁女童被"遗忘"在校车内闷死,幼儿园要承担责任吗?

生活场景

4 岁女童圆圆在镇上的童艺幼儿园上学。2010 年 7 月 1 日 8 时,圆圆在家里吃完早餐后,由奶奶牵着到村口等校车。几分钟后,幼儿园的 11 座金杯面包车到达。奶奶将一瓶娃哈哈饮料塞到孙女手中。圆圆接过娃哈哈,笑哈哈地上了校车。当日中午,在深圳打工的圆圆父亲突然接到电话,说女儿死了。当地派出所及镇政府工作人员说,孩子被校车司机和幼儿园老师遗忘在校车内闷死了。据教育局相关官员称,当天上午,童艺幼儿园的校车将圆圆等小孩接到学校门口后,圆圆下车时,手中的娃哈哈掉在地上,她回去低头捡娃哈哈时,跟车的老师伸头往车内看了一下,没有看到还有孩子在车上,便将车门拉上离开。该校车接完学生后,放在隔壁一大院内。7 月 1 日上午正是烈日当空,校车直接遭受太阳长时间炙烤。但没有人注意到还有一个孩子被关在校车内。直到中午,有人向幼儿园借校车用,看到车内有个小书包,打开车门发现圆圆躺倒在车内,已昏死过去,后送医院抢救无效死亡。

法律智慧

《侵权责任法》第三十八条规定了无民事行为能力人受到人身损害时幼儿园、学校或者其他教育机构的过错推定责任,即幼儿园、学校或者其他教育机构在不能证明其尽到教育、管理职责的,法律就推定其有过错,从而承担责任。该责任的构成要件包括:(1) 受害主体是无民事行为能力人。(2) 受害主体是在幼儿园、学校学习、生活期间受损的。不仅包括在校内学习、生活期间受损,还包括在校园外参与学校组织的外出春游等活动而受损,以及在学校组织的上、下学路上受损等情形。(3) 受害主体客观上遭受了人身损害。如果只是造成财产损失而没有造成人身损害的,则不适用该条规定。(4) 幼儿园、学校等教育机构违反了教育、管理、保护未成年学生的义务。本案中,4 岁的圆圆为无民事行为能力人,在乘坐校车时,由于幼儿园老师未尽到合理注意义务致其死亡,幼儿园应当承担责任。

法条链接

《侵权责任法》第三十八条　无民事行为能力人在幼儿园、学校或者其他教育机构学习、生活期间受到人身损害的,幼儿园、学校或者其他教育机构应当承担责任,但能够证明尽到教育、管理职责的,不承担责任。

律师提示

近年来,因儿童、学生伤害事故引起的赔偿案件逐年增多,成为社会普遍关注的热点问题。由于无民事行为能力人不具有任何识别能力和辨认能力,缺乏自我保护的知识和技能,因此对学校提出更高要求的法定义务是合理的。

对学校、幼儿园等教育机构是否尽到教育、管理职责的判断,可参照《学生伤害事故处理办法》第九条的规定。除上述情形外,判断学校是否有过错,只能依据国家法律、行政法规或国家主管部门的有关规定作出。这些职责中,有的属于学校负有的安全注意义务,如在组织未成年人参加活动时要考虑未成年人的心理与生理特点;有的属于教育义务,如组织春游前,要对交通安全进行教育;有的属于保护义务,如未成年人在校期间突然生病或者受伤,学校应当及时采取相应救护措施,将学生送往附近的医院,并同时通知学生的法定监护人;有的属于管理义务,如教师发现学生携带匕首等利器进入教室等不当行为,要进行必要的管理、告诫或者制止,避免伤害事故的发生。

39. 学生在军训时死亡,学校是否需要承担责任?

生活场景

15 岁的小昊考入某技术学院后于 8 月 28 日开始参加军训。9 月 4 日,小昊在军训午休起床时发生晕厥,经教官、同学掐人中 1～2 分钟后苏醒,后小昊被送到部队卫生所检查,经量血压显示属正常偏低,未发现其他异常,医生判断为体位性低血压及先兆中暑等可能性,便未作处理,嘱其回去休息,有机会再去其他医院检查。之后,随行老师未将上述情况通报学校和小昊的父母,也没有安排小昊到医院做进一步的检查。9 月 6 日军训结束,在返回学校途中,小昊在车上突发意识丧失,被送往医院急救,经抢救无效死亡。

次日,医院委托尸检中心对小昊的死因进行尸检,结论为小昊系心内膜弹力纤维增生患者,因急性左心衰竭死亡。此患者属原发性、扩张型及慢性型,病死率为 20％～25％,常因呼吸道感染或劳累诱发急性心力衰竭死亡。因儿子在军训中死亡,小昊父母将学校告上法庭,索赔死亡赔偿金、丧葬费、精神损害抚慰金等共计 467608.5 元。

法院经审理认为,学校未及时通知家长,亦未做进一步检查,使小昊父母作为监护人没有机会对子女身体和患病情况进行了解和处置。小昊死亡当天,其乘坐的车内没有老师陪同,无法在发病的第一时间组织最有力的救助,属学校履行管理和保护职责不当。学校在管理上的缺陷作为诸多因素之一与小昊的死亡存在间接因果关系,故应承担相应的赔偿责任。综上,法院判决学校赔偿小昊父母 9 万元。

法律智慧

《侵权责任法》第三十九条规定了限制行为能力人受到人身损害时学校的过错侵权责任。该条与第三十八条区分无民事行为能力人和限制民事行为能力人进行单独规定。与无民事行为能力人相比,限制民事行为能力人的心智已渐趋成熟,对事物已有一定的认知和判断能力,能够在一定程度上理解自己行为的后果,对一些容易遭受人身损害的行为也有了充分的认识,应当在构建和谐成长环境的同时,鼓励其广泛参加各类学校和社会活动。因此,在确定学校责任时采用了过错责任原则。因为如果适用过错推定责任,课以学校较重的举证责任负担,可能会导致有的学校为避免意外的发生,采取消极预防的手段,如减少学生体育活动、劳动实践,不再组织春游,严格限制学生在校时间,甚至不允许学生在课间互相追逐打闹等,最终不利于学生的成长。

判断学校是否尽到教育、管理职责时可以看各种教学设施是否符合安全要求,对存在的各种不安全隐患是否及时排除,是否已采取必要的防范措施,是否制定了合理、明确的安全规章制度等客观标准,以减轻被侵权人的举证负担,有利于对学生的救济。

法条链接

《侵权责任法》第三十九条　限制民事行为能力人在学校或者其他教育机构学习、生活期间受到人身损害,学校或者其他教育机构未尽到教育、管理职责的,应当承担责任。

律师提示

根据"谁主张,谁举证"的原则,学校或者其他教育机构承担过错侵权责任时,学校等教育机构是不负举证责任的,而由受害人来证明学校未尽教育、管理职责,从而要求其承担责任。

40. 未成年学生受到学校以外的人员伤害的,学校需要承担责任吗?

生活场景

2010 年 3 月 23 日早上 7 时 20 分,福建某小学门口,和平常一样聚集了一群等待进入校门的学生。令人难以预料的是,几分钟后,一名中年男子手持凶器一连伤害了 13 名小学生,造成 8 人死亡、5 人受伤的惨案。嫌犯郑某当场被抓获。人民法院经审理,以郑某犯故意杀人罪,判处其死刑,剥夺政治权利终身,并判附带民事赔偿合计 500 万元左右。尽管郑某当庭表示自己应该支付这笔赔偿金,但他也说自己"没有任何财产"。郑某于 4 月底被执行死刑,稍慰无辜亡灵。但死伤孩童的家长认定血案除系凶手丧心病狂的恶行所致外,学校规章制度不合理、安全防范措施不到位是一个间接原因,认为学校有不可推卸的责任,于是将该小学告上法庭。

法院经审理认为,原告主张学校应在校门口设置警示标志和采取防范措施并无根据,而且学校开门时间以及学校大门外区域是否设置警示标识和采取防护措施等,与本案原告子女遇害的损害后果之间并没有法律上的因果关系。此外,根据《民法通则》对未成年人监护制度的相关规定,学校并非未成年人的法定监护人,故未成年人到学校并不发生监护权转移,因此认为校门口应归学校管理,缺乏法律依据。法院一审判决驳回原告所有的诉讼请求,认为学校在此案中并无过错,不应承担责任,"家长告学校"一案以家长败诉告终。

法律智慧

《侵权责任法》第四十条是关于第三人侵权造成未成年学生人身损害的责任分担的规定。无民事行为能力人或者限制民事行为能力人在学校学习、生活期间,受到学校以外的人员伤害的,由侵权人承担侵权责任。学校只有在未尽到管理职责的情况下,才承担相应的补充责任。所谓"补充",是补充第三人赔偿不足的份额,在第三人没有任何财产或者下落不明时补充全部的份额。但是,此种补充责任可能导致教育机构的责任过重,承担远远超过其过错程度的责任,因此不能动辄就对学校课以全部的补充赔偿责任,必须考虑其能够防止或者制止损害的范围,即"相应的"补充责任。

本案中,实际侵权人郑某虽然被判刑,但没有任何财产可以进行赔偿。学校是否要承担补充责任,关键在于学校是否尽到了管理职责,这就要看学校是否尽了合理注意义务以保护未成年人的人身安全。这一义务主要是指学校对明显的、可能的或可以预见的危害事件采取正常而有效的预防措施,而不是要求学校防范可能性很小、极不常发生的或完全不可能预见的危害未成年学生人身安全的事件所采取的措施。

法条链接

《侵权责任法》第四十条　无民事行为能力人或者限制民事行为能力人在幼儿园、学校或者其他教育机构学习、生活期间,受到幼儿园、学校或者其他教育机构以外的人员人身损害的,由侵权人承担侵权责任;幼儿园、学校或者其他教育机构未尽到管理职责的,承担相应的补充责任。

《学生伤害事故处理办法》第三十一条　学校有条件的,应当依据保险法的有关规定,参加学校责任保险。

教育行政部门可以根据实际情况,鼓励中小学参加学校责任保险。

提倡学生自愿参加意外伤害保险。在尊重学生意愿的前提下,学校可以为学生参加意外伤害保险创造便利条件,但不得从中收取任何费用。

律师提示

当前,校园侵权已成为全社会日益关注的热点问题之一。从国外的经验看,建立社会保险、转嫁赔偿责任、使校园侵权赔偿社会化是一条良方。国外在解决校园侵权问题时,几乎不约而同地选择了通过社会保障和保险的方式分散风险的途径。解决校园侵权赔偿问题大多与保险法、社会保障法有关。在校园侵权中,通过校方责任险制度将责任承担与损害赔偿相分离的保险理赔,实际上是国际上的通行做法。

2008年4月3日,教育部、财政部、中国保监会联合发布了《关于推行校方责任保险完善校园伤害事故风险管理机制的通知》,第一次明确规定在全国各中小学校中推行意外伤害校方责任保险制度,并明确规定"九年义务教育阶段学校投保校方责任保险所需费用,由学校公用经费中支出"。

第五章　产品责任

41. 锅底脱落烫伤人，厂家和商家如何承担责任？

生活场景

　　4月1日下午，老董用从迟某店里买的大兴铸锅有限公司生产的一口铁锅煮玉米。听小工说锅底漏水，老董就过去查看，拉开灶门后，锅底突然脱落，喷溅出来的水和蒸汽将老董烫伤。老董随即被送往医院住院治疗，经诊断为：躯干、四肢48％混Ⅱ度烫伤，住院29天，用去医疗费26256.51元。8月6日复查，支付门诊治疗费437元。次年1月23日，老董的伤情经司法鉴定为8级伤残，需后期医疗费1400元，用去鉴定费720元。老董将迟某和大兴铸锅有限公司告上法院，要求被告赔偿其医疗费、误工费、护理费等经济损失49309.51元。

法院经审理认为,原告是在使用被告大兴铸锅公司生产的铁锅时被烫伤,该被告又不能提供证据予以证明原告使用的铁锅在质量上没有瑕疵,故被告大兴铸锅公司应当承担赔偿责任。被告迟某指明了产品的生产者,被告大兴铸锅公司又不能提供证据证明产品缺陷是销售者迟某造成的,故迟某可不承担赔偿责任。判决被告大兴铸锅公司赔偿原告各项损失和费用合计 42356.51 元。大兴铸锅公司不服判决,提出上诉。二审法院认为,上诉人大兴铸锅公司未举证证明被上诉人董某在使用过程中操作不当,也未举证其存在法定免责的事由,故上诉人称其对董某的损伤不承担责任的观点,不予采纳。最后,判决驳回上诉,维持原判。

法律智慧

本案为产品责任的典型案例。产品责任,是指进入流通领域的产品,由于自身的缺陷造成他人人身或财产损害,由该产品的生产者、销售者等承担责任的一种特殊侵权责任。生产者的产品责任适用无过错责任原则,销售者适用过错责任原则。也就是说,因产品缺陷造成损害的,生产者应当承担侵权责任,除非存在法律规定其不承担责任或者减轻责任的情形。

产品责任的构成须具备以下要件:(1) 产品存在缺陷。"缺陷"是指存在危及人身财产安全的不合理危险。产品的安全性是判定产品缺陷的主要依据。如老董购买的铁锅在使用中锅底脱落就是一种不合理的危险。(2) 须有人身、财产损害事实。老董因被烫伤遭受了人身和财产的损害。(3) 产品缺陷和损害事实存在因果关系。老董受损害的原因正是由于锅底脱落开水溅出来导致的。因此,作为铁锅的生产者,大兴铸锅公司需要承担产品责任。《侵权责任法》第四十一条没有规定产品责任的抗辩事由,因此可以适用《侵权责任法》的一般抗辩事由,如不可抗力、受害人自身原因或第三人过错等。此外,如果提供产品的一方能够证明存在《产品质量法》第四十一条所规定的特殊抗辩事由,也可以免除责任。

法条链接

《侵权责任法》第四十一条　因产品存在缺陷造成他人损害的,生产者应当承担侵权责任。

《产品质量法》第四十一条　因产品存在缺陷造成人身、缺陷产品以外的其他财产(以下简称他人财产)损害的,生产者应当承担赔偿责任。

生产者能够证明有下列情形之一的,不承担赔偿责任:

(一)未将产品投入流通的;

(二)产品投入流通时,引起损害的缺陷尚不存在的;

(三)将产品投入流通时的科学技术水平尚不能发现缺陷的存在的。

《民法通则》第一百二十二条　因产品质量不合格造成他人财产、人身损害的,产品制造者、销售者应当依法承担民事责任。运输者、仓储者对此负有责任的,产品制造者、销售者有权要求赔偿损失。

律师提示

发生产品责任纠纷时,受害人首先要证明产品存在缺陷。对此可以通过三种方式证明:(1)使用直接证据,如残缺零部件,本案中就是有问题的铁锅;(2)使用间接证据,如鉴定结论;(3)用排除法来排除其他原因。其次,要证明自己遭受损害,包括财产和人身损害。损害后果严重的,还会涉及伤残等级鉴定。这不仅明确了原告的受害程度,也决定了有关的损害赔偿范围。最后,要证明产品缺陷和损害后果之间存在因果关系。

法律对生产者和销售者施加了更重的举证责任。首先,生产者和销售者要证明产品没有缺陷,否则在没有其他免责事由时就要承担相应的责任;其次,因果关系推定,即在产品使用人遭受损害的前提下,应先推定产品缺陷与该损害存在因果关系,然后转由生产者、销售者举证证明该因果关系不成立才能免责。

生产者还可以就《产品质量法》第四十一条规定的免责事由进行举证。如果能够证明其生产的产品具有法律规定的三种情形之一的,即可依法免责。但是,本案中被告未能对此提出证据予以证明。因此,被告只能承担败诉的后果。

42. 化妆品"毁容",受害人可以向商家要求赔偿吗?

生活场景

冯女士在个体工商户吴某经营的东莞市厚街富豪百货店购买了一瓶名为"柔迪祛斑王"的化妆品。冯女士按产品说明书上所写的步骤使用了该化妆品。次日,冯女士发现自己面部皮肤出现红肿现象。她马上致电"柔迪祛斑王"的生产厂家柔迪公司。柔迪公司告知冯女士,使用"柔迪祛斑王"后出现轻微的红肿是正常的现象,建议冯女士继续使用。于是,冯女士继续使用了"柔迪祛斑王",但面部的红肿不但没有消失,反而越来越严重,她只好停止了使用。一段时间后,冯女士脸上的红肿虽然消失了,但脸部的皮肤却已被严重损害,留下了大面积的黑色沉积。于是,她拿着在富豪百货店购买的"柔迪祛斑王"到柔迪公司询问造成面部伤害的原因。柔迪公司对冯女士提供的产品进行了鉴定,发现她在富豪百货店所购买的"柔迪祛斑王"是假冒商品,并非柔迪公司生产。随后,冯女士委托东莞市公安局刑事技术鉴定科对其伤势进行鉴定,结果确认冯女士的伤情为十级伤残。由于吴某未能就其出售的"柔迪祛斑王"的合法来源及合格质量提供相应的证据,冯女士遂将吴某诉至法院。

法律智慧

在产品责任中,对产品的生产者适用的是无过错责任,而对销售者适用的是过错责任。也就是说,因销售者的过错使产品存在缺陷造成他人人身、财产损害的,销售者才承担赔偿责任。但在实际生活中,还经常出现销售者不能指明缺陷产品、生产者也不能指明缺陷产品供货者的情况。法律为保护受害人的利益,明确规定在此情况下销售者应当承担侵权责任。

本案中,法院认为原告冯女士从被告吴某处购买了假冒的化妆品并受到了损害,而且被告吴某不能指明该缺陷产品的真正生产者,也不能指明缺陷产品的供货者,从而判令被告赔偿原告误工费、精神损害抚慰金等各项损失。

法条链接

《侵权责任法》第四十二条　因销售者的过错使产品存在缺陷,造成他人损害的,销售者应当承担侵权责任。

销售者不能指明缺陷产品的生产者也不能指明缺陷产品的

供货者的,销售者应当承担侵权责任。

律师提示

为避免因不能准确确定缺陷产品的生产者而使受害人求偿无门的情况,《侵权责任法》第四十二条继续坚持了销售者责任的立场,体现了对受害人利益的保护,也有利于促使销售者谨慎进货,选择可靠的生产者、供应商,不经销隐匿、伪造生产厂名的产品。我国《产品质量法》和《食品安全法》等有关法律都明确规定,销售者应当执行进货检查验收制度,验明产品合格证明和其他标志。如果销售者严格执行了这些规定,则可以指明缺陷产品的生产者或者缺陷产品的供货者,从而免除承担产品责任。

43. 漏水脚踏船致人损害,谁应承担赔偿责任?

生活场景

义乌市某游乐园老板老吴为增加娱乐项目,让儿子小吴向杭州某船机公司订购了两只脚踏船。11月21日下午,老吴把脚踏船出租给游客楼某、虞某进游乐园水面游玩,并提供救生衣各一件。14时30分左右,两名游客在游玩中因脚踏船进水沉没而双双溺水身亡,救生衣均不在身上。老吴发现险情后委托他人打捞死者和沉没的船只,为此付出打捞费用4250元。

随后,公安机关为查清沉船原因,组织人员对事故船只进行了实验检测。结果表明,该船船尾密封圈部位漏水、船底部也有两处明显渗水,船后仓内的船舵空心轴无封口镙帽、与船后舱之间可进水出水;检测结果还排除了脚踏船在使用中发生侧翻的可能性。次年5月,老吴与死者家属达成了赔偿协议并支付了相应赔款。8月,老吴因重大责任事故罪被判处有期徒刑二年、缓刑二年。老吴认为船机公司出售存在缺陷的"三无"游船,致其营业时船沉客亡,造成其巨大的损失,要求该公司承担赔偿责任。船机公司则称脚踏船不是该公司生产的,老吴应当去找生产厂家。

法律智慧

本案涉及产品责任的主体问题。产品责任主体主要是生产者和销售者。《侵权责任法》第四十三条规定因产品存在缺陷造成损害的,受害人可以选择产品的生产者和销售者请求赔偿。

本案中老吴购买的脚踏船存在重大安全隐患,并且导致严重后果的产生,老吴有权向作为销售者的船机公司请求赔偿。但是,老吴在游乐园的经营过程中,缺乏保障游客安全的条件,在游客面临重大人身、财产危险时未能及时施救,对损害后果的发生也应承担相应的民事责任。此外,两名游客在发现脚踏船进水到船只沉没的时间内,没有按照游乐园关于游客必须穿救生衣的要求采取自救行动,对造成溺水身亡的后果也有一定责任。根据过失相抵的原则,法院最终认定船机公司承担50%的责任。当然,船机公司在承担责任后,可以向生产厂家追偿。

法条链接

《侵权责任法》第四十三条 因产品存在缺陷造成损害的,被侵权人可以向产品的生产者请求赔偿,也可以向产品的销售者请求赔偿。

产品缺陷由生产者造成的,销售者赔偿后,有权向生产者追偿。

因销售者的过错使产品存在缺陷的,生产者赔偿后,有权向销售者追偿。

《产品质量法》第四十三条 因产品存在缺陷造成人身、他人财产损害的,受害人可以向产品的生产者要求赔偿,也可以向产品的销售者要求赔偿。属于产品的生产者的责任,产品的销售者赔偿的,产品的销售者有权向产品的生产者追偿。属于产品的销售者的责任,产品的生产者赔偿的,产品的生产者有权向产品的销售者追偿。

律师提示

日常生活中,消费者购买商品时很少注意生产厂家,有一些商品甚至无生产厂家的厂名和厂址。以销售者作为产品责任案件的被告有时更有利于受害人进行诉讼活动。至于生产者和销售者之间的责任分担与追偿问题属于他们之间的内部问题,不能作为对消费者的抗辩。

44. 因运输者的过错致食物腐败,消费者食用后中毒,责任谁来承担?

生活场景

某日下午,李小姐在一大型连锁超市选购了一大包"巧手"牌猪肉汤圆。回家后,下锅煮熟后食用。谁知吃完汤圆没多久,李小姐就出现了恶心、呕吐、腹痛腹泻的症状,经医生诊断为因食用变质的食物引发的轻微中毒,经救治后脱险。次日,李小姐拿着剩余的汤圆到食品卫生监督部门鉴定,证实汤圆呈中度腐败的状况,人食用后将引发中毒。李小姐与超市协商赔偿,双方达成了赔偿协议。后经超市方面的调查,该批次的汤圆出厂时是合格的。厂家委托某物流公司负责该批汤圆的配送业务,超市收货后存放于自己的地下冷库中。经技术检测,该物流公司当日送货的冷库车温度未达到汤圆生产厂家要求的储藏温度,而超市冷库的温度是符合要求的。

法律智慧

《侵权责任法》第四十四条对运输者、仓储者和生产者、销售者的责任分担作出了明确规定。虽然作为变质汤圆销售者的超市需要承担对李小姐的赔偿责任,但汤圆变质是由于作为第三人的运输者物流公司的过错引起的,超市在赔偿后,可以向物流公司追偿。

"第三人"不仅包括运输者和仓储者,还应当包括产品从设计、制造到营销环节中与产品价值的形成具有密切联系或具有辅助作用的其他人。

法条链接

《侵权责任法》第四十四条 因运输者、仓储者等第三人的过错使产品存在缺陷,造成他人损害的,产品的生产者、销售者赔偿后,有权向第三人追偿。

产品在运输流通过程中,运输者、仓储者等应当按照有关规定和产品包装上标明的储藏、运输等标准进行储存和运输。如果运输者、仓储者等不按照规定运输或者仓储,有可能造成产品缺陷。根据过错责任原则,行为人应当对因自己的过错产生的损害负赔偿责任。因此,产品的生产者、销售者对受害人赔偿后,有权向有过错的运输者、仓储者追偿,从而平衡了各方的利益。

45. 产品缺陷危及安全,生产商和销售商应当承担什么责任?

生活场景

近日,李先生花了 20 万元左右新买了一辆某品牌轿车。每次出行时都发现汽车自动加速,他很担心。经仔细查看,才发现前排脚垫干涉了加速踏板。他到 4S 店找经销商反映,都没有得到积极的答复。李先生心里一直七上八下,不知道哪天会出事。

法律智慧

产品存在缺陷对他人可能产生两种影响:一是造成他人损害,这种损害是已经发生的,是现实存在的;二是对他人人身、财产安全产生一种危险,存在不安全因素。如果不采取相应措施,这种潜在的损害随时都有可能发生,造成受害人的实际损害。《侵权责任法》第四十五条规定了此种情形下,生产者和销售者需承担排除妨碍、消除危险的责任。因此,李先生可以要求汽车厂家或销售商采取更换脚垫等方式消除安全隐患。

法条链接

《侵权责任法》第四十五条　因产品缺陷危及他人人身、财产安全的,被侵权人有权请求生产者、销售者承担排除妨碍、消除危险等侵权责任。

律师提示

《侵权责任法》第四十五条的规定就是为了"防范于未然",避免由于产品缺陷导致的潜在损害实际发生,给受害人造成真正的损害,从而杜绝或减少受害人的损失。

46. 问题茶油"召回门"事件,生产者应当承担什么责任?

生活场景

2010 年 8 月上旬,网络爆出国内最大的山茶油生产商——金浩茶油被查出含致癌物质"苯并芘"超标六倍的新闻。随后,金浩公司在其官网上发表《郑重声明》,称致癌物说法为谣传。8 月 30 日,媒体报道早在当年 3 月,金浩公司即被查出致癌物严重超标。之后企业对相关产品进行秘密召回。但这一情况当时未对公众公开,也没有公布被下架或召回的品牌及其产品型号。当时超市销售人员均称从未得知金浩茶油有质量问题,也从未收到召回金浩茶油的通知。在超市里,金浩茶油依然热卖。8 月 31 日,金浩公司表示产品无质量问题,将通报调查结果。9 月 1 日,金浩公司在其网站发表致歉信,承认其公司于 2009 年 12 月 3 日至 2010 年 3 月 17 日生产的 9 批次纯茶油存在苯并芘超标问题,此前曾秘密召回两次。不过对剩下的 8.945 吨茶油,金浩公司并没有具体说明究竟流向哪里,只表示如因召回疏漏,消费者还有以上 9 批次产品的,可及时联系公司进行退货或换货,但并未提及赔偿问题。

对消费者手中9个批次的产品我们会以国家最高赔付标准退换和赔付!对确因食用本产品造成身体疾患的消费者按国家标准赔偿!

金浩茶油公司董事长

9 月 6 日,悬而未决的金浩问题茶油赔偿案终见分晓。金浩茶油公司董事长公开道歉并承诺对流入消费者手中的 9 个批次的问题产品,将按国家最高赔付标准退换和赔付;对确因食用其问题产品造成身体疾患的消费者按国家标准赔偿。这就是闹得沸沸扬扬的金浩茶油"召回门"事件。

法律智慧

召回,指产品的生产者、销售者依照法定程序,对其生产或者销售的缺陷产品以换货、退货、更换零配件等方式,及时消除或减少缺陷产品危害的行为。《侵权责任法》制定之前,我国尚未建立全面的产品召回制度。2002 年 7 月,国家质检总局宣布,对于该年第二季度产品质量国家监督抽查中存在严重质量问题的家庭用品类似插头插座产品,从当月起予以强制收回。同年 11 月 26 日,国家质检总局再次发布公告召回惠氏奶粉。然而,这只是行政部门以公告形式规定的特定产品的召回个案,不具有普遍约束力。

2004年3月12日,由国家质检总局、发改委、商务部、海关总署等部门联合发布了《缺陷汽车产品召回管理规定》,但该规定属于部门规章,仅就"汽车产品"作出了召回的规定。此后相关行政部门先后发布了食品、药品、儿童玩具等的召回管理规定。2009年2月28日通过的《食品安全法》第一次以法律的形式规定了缺陷食品的召回制度。随后,《侵权责任法》第四十六条确立了全面的产品售后警示和召回制度。

法条链接

《侵权责任法》第四十六条 产品投入流通后发现存在缺陷的,生产者、销售者应当及时采取警示、召回等补救措施。未及时采取补救措施或者补救措施不力造成损害的,应当承担侵权责任。

《食品安全法》第五十三条 国家建立食品召回制度。食品生产者发现其生产的食品不符合食品安全标准,应当立即停止生产,召回已经上市销售的食品,通知相关生产经营者和消费者,并记录召回和通知情况。

食品经营者发现其经营的食品不符合食品安全标准,应当立即停止经营,通知相关生产经营者和消费者,并记录停止经营和通知情况。食品生产者认为应当召回的,应当立即召回。

食品生产者应当对召回的食品采取补救、无害化处理、销毁等措施,并将食品召回和处理情况向县级以上质量监督部门报告。

食品生产经营者未依照本条规定召回或者停止经营不符合食品安全标准的食品的,县级以上质量监督、工商行政管理、食品药品监督管理部门可以责令其召回或者停止经营。

律师提示

《侵权责任法》确立了全面的产品警示和召回制度,能鼓励生产者、销售者自觉跟踪已投入市场的产品,及时反馈市场意见,不断更正产品缺陷,形成良效机制,这才能最大限度地保护广大消费者的利益。毕竟产品是生产者制造的,他将产品投放市场,从而开启了危险之门,理应对此种危险承担一定的义务。

除了召回以外,售后警示也是降低和分散风险的有效措施。生产者承担售后警示义务与其拥有强大的经济实力相符。生产者拥有雄厚的资本实力,可以操控众多资源,让他们承担售后警示义务不会影响其发展,更不会动摇其根基。因为生产者履行警告义务未必要求他们将产品的危险信息传递给每一个使用者,他们的义务仅限于将产品的危险信息传送给他们知悉其确切住所的使用者。对不能确定其住所的使用者,生产者仅需在大众媒体上发布危险警示,让身份不明的使用者当心产品存在的危险,使用者得到警告后,可以作出是否继续使用该产品的决定,即便其作出继续使用的决定,他们也会比得到警告前更加小心。

47. 惩罚性赔偿机制的引入,对破解食品"安全门"事件有什么作用?

生活场景

2008年6月28日,位于兰州市的解放军第一医院收治了首例患"肾结石"病症的婴幼儿。据家长们反映,孩子从出生起就一直食用河北石家庄三鹿集团所产的三鹿婴幼儿奶粉。随后,全国各地出现食用三鹿奶粉的婴幼儿泌尿结石病例报告。经相关部门调查,发现三鹿牌婴幼儿配方奶粉受到三聚氰胺污染。三聚氰胺是一种化工原料,可导致人体泌尿系统产生结石。9月16日晚,国家质检总局通报了全国婴幼儿奶粉三聚氰胺含量抽检的阶段性结果,22个厂家的69批次产品中检出三聚氰胺。截至2008年12月底,全国累计报告因食用三鹿牌奶粉和其他问题奶粉导致泌尿系统出现异常的患儿共29.6万人,多名婴幼儿死亡。这就是震惊全国的"问题奶粉事件"。事后,相关责任人受到相应的刑事处罚。三鹿等22家责任企业向奶粉事件患儿主动赔偿,对近30万名确诊患儿给予一次性现金赔偿,并出资2亿元建立医疗赔偿基金,用于支付患儿医疗费,直至其年满18周岁。12月19日,三鹿集团借款9.02亿元用于治疗和赔偿患儿。

法律智慧

问题奶粉事件使人们意识到引入"惩罚性赔偿"机制来破解食品安全问题的紧迫性。惩罚性赔偿,是指由加害人给付给受害人超过其实际损害数额的一种金钱赔偿,是一种集补偿、惩罚和遏制等功能于一身的赔偿制度。《侵权责任法》第四十七条全面确立了惩罚性赔偿制度。其适用要件包括:(1)主观要件,侵权人需要具有主观故意,即"明知产品存在缺陷仍然生产、销售"。这种恶劣动机超出社会容忍程度,严重侵害受害人的合法权益,受到社会的道德谴责,理应也受到法律的严厉制裁。(2)客观要件,要有严重损害他人生命健康的事实。(3)产品缺陷和损害事实有因果关系,即被侵权人受到的严重人身损害是由侵权人生产、销售的缺陷产品造成的。由于惩罚性赔偿属于民事赔偿的范畴,要避免国家公权力的干预,因此国家不能主动适用,在诉讼中应当以原告的申请为前提。

纵观各国关于惩罚性赔偿数额的规定,多数国家都没有划定一个统一的标准或模式,大多是赋予法官自由裁量权。作为我国"惩罚性赔偿"的雏形,《消费者权益保护法》第四十九条规定增加赔偿的金额为"消费者购买商品的价款或者接受服务的费用的一倍"。《食品安全法》第九十六条则规定为"支付价款十倍"。这些标准虽然便于法官直接计算损害赔偿的金额,但缺乏灵活性,没有考虑各种产品责任案件的具体情节,可能是"隔靴搔痒"。

《侵权责任法》的计算不能用简单而又现成的数学公式,让任何人都可以根据实际损失的多少计算出惩罚性赔偿金的数额,而是赋予法官一定的自由裁量权。实践中将考虑受害人的实际损失、加害人的主观过错和非法获利、侵权人的支付能力。如果判决超出侵权人承受能力的赔偿金,将会导致其无力支付,甚至倾家荡产,这样的判决无异于一纸空文;相反,如果判决的赔偿金对财大气粗的侵权人来说如同九牛一毛,就违背了惩罚性赔偿的立法意图。

法条链接

《侵权责任法》第四十七条　明知产品存在缺陷仍然生产、销售,造成他人死亡或者健康严重损害的,被侵权人有权请求相应的惩罚性赔偿。

《消费者权益保护法》第四十九条　经营者提供商品或者服务有欺诈行为的,应当按照消费者的要求增加赔偿其受到的损失,增加赔偿的金额为消费者购买商品的价款或者接受服务的费用的一倍。

《食品安全法》第九十六条　违反本法规定,造成人身、财产或者其他损害的,依法承担赔偿责任。

生产不符合食品安全标准的食品或者销售明知是不符合食品安全标准的食品,消费者除要求赔偿损失外,还可以向生产者或者销售者要求支付价款十倍的赔偿金。

　　从毒大米、瘦肉精、地沟油、苏丹红到毒奶粉、洗虾粉,食品"安全门"事件层出不穷。尽管产品责任事故频发,但消费者通过法律途径维护自身权益的情况却不多见。其中最主要的原因在于消费者如果通过"打官司"救济自己的权利,不仅耗费时间、劳损精力,而且面对资本实力雄厚的大公司,消费者显然处于弱势的地位,会遇到举证困难等问题,甚至面临败诉的风险。即使胜诉,拿到手的赔偿金也可能不足以完全支付因"打官司"支出的费用,使得许多受害人放弃了这种"得不偿失"的想法。

　　惩罚性损害赔偿制度的引入可以消除受害人的这种顾虑,而且法院所判决的惩罚性赔偿是支付给原告本人的,充分调动了广大消费者行使诉讼权的积极性,大大提高了人们的维权意识。另一方面,惩罚性赔偿机制的建立对制售假冒伪劣产品者能产生威慑,使其恶意侵权行为有所收敛,可以使制假售假者提高生产经营成本,无法从其不法行为中获得利润,甚至倾家荡产,对其他的生产者和经营者起到警示作用,使他们不敢冒天下之大不韪去生产假冒伪劣产品,从而维护社会公众的生命、健康和安全。毕竟,道德审判的约束力终归是有限的,而刑法的严惩似乎也没有阻挡住暴利追求者的铤而走险。利用惩罚性赔偿保护消费者的权益,在一次惩罚性赔偿判决之后,出现的是自觉性的"补漏",这样的社会进步成本相对来说是较低的。

第六章　机动车交通事故责任

48. 机动车交通事故侵权责任如何认定？

生活场景

　　2010 年 7 月 29 日 21 时 36 分，刘某无证驾驶无牌照三轮汽车沿浚县城关镇黄河路自北向南逆行，行驶至与白云路交叉路口南段时，与自南向北行驶的张某驾驶的二轮电动车发生相撞，致张某及乘坐人杨某受伤，双方车辆损坏。该事故经浚县公安局交通管理大队处理，认定刘某无证驾驶无牌照机动车上道路行驶，违反右侧通行之规定，是事故发生的全部原因，应承担事故的全部责任。杨某因颅脑损伤，多处软组织损伤，于同日入住浚县人民医院治疗，同年 8 月 14 日出院，住院 17 天，花费医疗费 3456.11 元。杨某将刘某告上法庭，要求其赔偿医疗费、误工费、护理费、住院生活补助费 6142.11 元。

　　杨某系农村居民户口，其护理人员杨某某在当地石料厂工作，月工资 2100 元/月（70 元/天），2009 年河南省农村居民人均纯收入为 4806.95 元/年（13.17 元/天），河南省机关事业单位出差人员伙食补助标准为 30 元/天。

法律智慧

　　《侵权责任法》第四十八条规定，机动车发生交通事故造成损害的，依道路交通安全法的有关规定承担赔偿责任。从法律效力上讲，《道路交通安全法》和《侵权责任法》的位阶是一致的，都是仅次于《宪法》的法律规范,但因为《道路交通安全法》是规范道路交通安全行为的特别法,因此应当优先适用,即《道路交通安全法》有规定的,适用《道路交通安全法》,没有规定的,适用本法。

《道路交通安全法》第八条规定,机动车需经公安机关交通管理部门登记后,方可上道路行驶。第十九条规定,驾驶机动车,应当依法取得机动车驾驶证。被告刘某无证驾驶无牌照机动车辆上道路行驶,违反右侧通行之规定,是事故发生的原因,应承担事故的全部责任。

法院认定,原告杨某因此次事故的各项损失共计5380元,包括医疗费3456.11元、误工费1190元、护理费223.89和伙食补助费510元。法院依据《侵权责任法》第六条、第十五条、第十六条、第四十八条,《道路交通安全法》第八条、第十九条、第三十九条,《最高人民法院关于审理人身损害赔偿案件适用法律若干问题的解释》第十九条、第二十条、第二十一条、第二十三条之规定,判决被告刘某赔偿原告杨某各项损失5380元;驳回原告杨某的其他诉讼请求。

法条链接

《侵权责任法》第四十八条 机动车发生交通事故造成损害的,依照道路交通安全法的有关规定承担赔偿责任。

《道路交通安全法》第八条 国家对机动车实行登记制度。机动车经公安机关交通管理部门登记后,方可上道路行驶。尚未登记的机动车,需要临时上道路行驶的,应当取得临时通行牌证。

第十九条 驾驶机动车,应当依法取得机动车驾驶证。

申请机动车驾驶证,应当符合国务院公安部门规定的驾驶许可条件;经考试合格后,由公安机关交通管理部门发给相应类别的机动车驾驶证。

持有境外机动车驾驶证的人,符合国务院公安部门规定的驾驶许可条件,经公安机关交通管理部门考核合格的,可以发给中国的机动车驾驶证。

驾驶人应当按照驾驶证载明的准驾车型驾驶机动车;驾驶机动车时,应当随身携带机动车驾驶证。

公安机关交通管理部门以外的任何单位或者个人,不得收缴、扣留机动车驾驶证。

律师提示

现代交通一方面为人类社会创造财富、带来便利;另一方面又给人类社会带来隐患,是一个"被允许的危险事业"。对道路交通事故责任的认定,应当由公安机关交通管理部门根据交通事故现场勘验、检查、调查情况和有关的检验、鉴定结论,及时制作交通事故认定书进行认定,作为处理交通事故的证据。

对交通事故损害赔偿的争议,当事人可以请求公安机关交通管理部门调解,也可以直接向人民法院起诉。当然,当事人如果对交通管理部门的责任认定或调解不服的,也可以到法院起诉。但事实上,由于交通事故的复杂性和专业性,除非可以推翻交警部门事故责任的认定,否则法院判决一般也会按照交警部门的认定进行。

49. 婚礼借用车辆肇事,赔偿责任如何承担?

生活场景

2007 年 5 月 1 日是孙小姐与刘先生举行结婚典礼的大喜日子。因结婚需要用车,孙小姐请朋友赵女士出面,在王先生处借一辆"天籁"轿车当婚车。王先生知道赵女士只有两年驾龄,就说:"如果是你(指赵女士)开车就不借,必须要一位老驾驶员开车。"于是,赵女士拿到"天籁"车钥匙后,通过朋友联系,决定由胡某来开。胡某在婚礼用车结束后,开上车去接朋友龙某,不料在途中与一辆相向行驶的客车相撞。胡某当场死亡,客车上多名乘客受伤。交警部门作出交通事故认定:胡某未依法取得机动车驾驶证,违反相关规定是造成此事故的原因,应承担事故全部责任。随后,客车所在的公司将"天籁"车主、借车人以及继承胡某遗产的 3 人均告上法院。

法院审理认为,胡某无证驾车,且违反安全规定导致事故发生,是直接侵权人,因其已死亡,故由其各继承人在继承遗产的范围内承担责任。此外,赵女士与孙小姐都是借车人,应当对驾驶员的选任和车辆使用负责,其将车辆交给没有驾驶资质的胡某驾驶,均具有过错,应当承担连带责任。王先生在出借车辆时,虽然要求另行选定驾驶技术比赵女士熟练的驾驶员驾车,此时王先生仍负有对驾驶员选定和监管的义务,而王先生在对最终驾驶员的选任上没有尽到应有的责任,具有过错,所以应当承担相应的责任。判决:驾驶员胡某的3 位继承人以继承遗产的实际价值为限承担责任;车主王先生、借车人赵女士和孙小姐承担连带责任。

法律智慧

《侵权责任法》第四十九条对机动车所有人与使用人不一致时,

发生交通事故的责任承担问题作了规定。如果属于该机动车一方责任的,由保险公司在机动车强制保险责任限额内予以赔偿。本案中,胡某无证驾驶,造成受害人财产损失的,保险公司不承担赔偿责任。(2008年5月1日施行的《道路交通安全法》规定保险公司在此情形下仍需承担责任。)不足部分,由机动车使用人承担赔偿责任。因为机动车承租人或借用人作为机动车的使用人,具有直接的运行支配力并享有运行利益。因此,在实际使用者胡某死亡后,其继承人需在继承遗产范围内承担赔偿责任。本案车主王先生对出借车辆最终交由谁驾驶放任监管,从而导致本案交通事故的发生,也存在过错,应当承担相应责任。需注意的是,按照《侵权责任法》规定,车主此时只需承担相应的责任而非连带责任。

法条链接

《侵权责任法》第四十九条 因租赁、借用等情形机动车所有人与使用人不是同一人时,发生交通事故后属于该机动车一方责任的,由保险公司在机动车强制保险责任限额范围内予以赔偿。不足部分,由机动车使用人承担赔偿责任;机动车所有人对损害的发生有过错的,承担相应的赔偿责任。

律师提示

日常生活中,车主面对亲戚、朋友的借车要求时往往陷入两难境地。不借怕伤感情,借了又怕担责任。《侵权责任法》第四十九条明确了机动车所有人与使用人分离的事实不影响保险公司的赔偿责任,即投保了交强险的机动车发生交通事故后,属于机动车一方责任的,首先由保险公司在机动车强制保险责任限额范围内予以赔偿。对于车主,仅在有过错的情况下承担相应的赔偿责任。可见对车主规定的是过错责任且是按份责任而不是连带责任。

因此,在租赁或借车给他人时,务必对租车人、借车人的资质进行细致审核,并保证车辆的安全性能,如检查刹车是否灵敏,尽可能减轻承担责任的风险。

50. 转让并交付机动车但未办理过户手续,发生交通事故后原车主是否要承担责任?

生活场景

某日22时左右,李某在驾驶机动车过程中与许某乘坐的由葛某驾驶的机动车相撞,造成葛某死亡、许某受伤的交通事故。事故发生后李某逃逸。该事故经交警部门认定,李某因肇事逃逸承担事故的全部责任,葛某不承担事故的责任。经查明,该肇事车辆是李某从鲁某处购买,鲁某从王某处购买的,两次转手均未办理过户手续,肇事车辆的登记车主仍为王某。葛某的亲属及许某遂向法院提起诉讼,要求李某、鲁某、王某连带赔偿许某医疗费、伤残赔偿金、误工费、护理费、住院伙食补助费、交通费等各项经济损失共计5万元,赔偿葛某亲属15万元。

法律智慧

在现实生活中,因节省费用、以物抵债等原因存在机动车已经通过买卖、赠与、继承等方式转让,但当事人没有及时办理所有权转移登记的情形,甚至还存在如本案连环转让机动车但都没有办理所有权转移登记的情形。根据《物权法》的规定,机动车所有权的转移在交付时发生效力,未经登记,只是缺少公示而不产生社会公信力,在交易过程中不能对抗善意第三人。由于原车主已经不是机动车真正的所有人,更不是机动车的占有人,他既不能支配该车辆,也不具有防范事故发生的控制力,如果仍要求其承担赔偿责任是不合理、不公平的。

《侵权责任法》第五十条对机动车已经转让并交付但未办理所有权转移登记时交通事故的责任主体作出了规定,明确发生交通事故后属于该机动车一方责任的,由保险公司在机动车强制保险责任限额范围内予以赔偿。不足部分,由受让人承担赔偿责任。本案中,王某虽系肇事车辆的原车主,但王某已将该车辆卖给了鲁某,李某又从鲁某处购买了该车辆,形成了连环购车的事实。由于造成本案事故时李某是该车辆的实际所有人和占有人,也是本次事故的直接责任人。所以对葛某死亡和许某受伤结果造成的损失由保险公司在机动车强制保险责任范围内予以赔偿;不足部分,由受让人李某承担赔偿责任。

法条链接

《侵权责任法》第五十条　当事人之间已经以买卖等方式转让并交付机动车但未办理所有权转移登记,发生交通事故后属于该机动车一方责任的,由保险公司在机动车强制保险责任限额范围内予以赔偿。不足部分,由受让人承担赔偿责任。

《道路交通法》第十二条　有下列情形之一的,应当办理相应的登记:

（一）机动车所有权发生转移的;

（二）机动车登记内容变更的;

（三）机动车用作抵押的;

（四）机动车报废的。

《机动车交通事故责任强制保险条例》第二条　在中华人民共和国境内道路上行驶的机动车的所有人或者管理人,应当依照《中华人民共和国道路交通安全法》的规定投保机动车交通事故责任强制保险。

《机动车交通事故责任强制保险条例》第二十一条　被保险机动车发生道路交通事故造成本车人员、被保险人以外的受害人人身伤亡、财产损失的,由保险公司依法在机动车交通事故责任强制保险责任限额范围内予以赔偿。

《最高人民法院关于连环购车未办理过户手续,原车主是否对机动车发生交通事故致人损害承担责任的请示的批复》 连环购车未办理过户手续,因车辆已经交付,原车主既不能支配该车的营运,也不能从该车的营运中获得利益,故原车主不应对机动车发生交通事故致人损害承担责任。但是,连环购车未办理过户手续的行为,违反有关行政管理法规的,应受其规定的调整。

律师提示

购买二手车但未及时过户、分期付款保留汽车所有权买卖是现代社会常见的现象。二手车原车主或汽车销售商不能继续控制、使用汽车,如果发生交通事故,规定由转让方承担责任,不仅对其不公平,而且达不到教育和惩罚肇事者的目的。有了《侵权责任法》的规定,转让方可以倍感轻松,更重要的是提醒车辆买受人一定要谨慎驾驶,如果想着反正车辆所有权还不属于自己而麻痹大意,胡乱开车,一旦出事,自己不仅要赔偿他人损失,还要承担汽车本身的损失。

需要指出的是,在机动车转让但未办理变更登记的情形,机动车第三者责任险既可以由原所有人投保,也可以让受让人投保,但无论谁投保,保险公司都要为实际所有人对第三者的交通事故责任承担赔偿责任。

51. 出卖已达报废标准的机动车肇事的,转让人要承担责任吗?

生活场景

2009 年 3 月 4 日 18 时 35 分许,朱某醉酒后无证驾驶已达报废标准的轻便二轮摩托车在道路北侧撞及由东向西步行的谭某,致谭某死亡。经查实,已达报废标准的该轻便二轮摩托车车主为王某。交警大队认定朱某负事故的全部责任。王某称其将报废车辆卖给顾某,顾某又将报废车辆卖给施某,施某再将报废车辆卖给朱某。谭某家属向法院起诉,要求朱某赔偿原告人民币 364664 元,因王某、顾某、施某违反报废车辆不得出售、赠与、转让的规定,故要求王某、顾某、施某与朱某承担连带责任。

给车子稍微美容一下就可以继续上路了!

法院经审理认为,公安机关认定被告朱某负事故全部责任,并无不当,依法予以确认。被告王某称将报废车辆卖给顾某,顾某表示否认,原告亦未能提供相应证据佐证,故难以认定王某将报废车辆卖给顾某。王某为报废车辆的登记人,多年前将该车卖给施某,施某又将该车卖给朱某。被告王某、施某违反国家报废车辆回收强制性规定,擅自出卖报废车辆,导致报废车辆上路行驶,客观上给他人的生命财产安全造成危险隐患。因此,被告王某、施某对被告朱某的行为所造成的后果应承担连带责任。

法律智慧

根据《侵权责任法》第五十一条规定,转让拼装的或者已达到报废标准的机动车发生交通事故造成损害的,由转让人和受让人承担连带责任。

国家实行机动车强制报废制度。任何单位或者个人不得拼装机动车。王某、施某违反国家报废车辆回收强制性规定，擅自出卖报废车辆，朱某驾驶报废车辆上路，造成交通事故致人死亡。转让人和受让人都存在严重的违法行为，应承担连带责任。

法条链接

《侵权责任法》第五十一条 以买卖等方式转让拼装或者已达到报废标准的机动车，发生交通事故造成损害的，由转让人和受让人承担连带责任。

《道路交通安全法》第十四条 国家实行机动车强制报废制度，根据机动车的安全技术状况和不同用途，规定不同的报废标准。

应当报废的机动车必须及时办理注销登记。

达到报废标准的机动车不得上道路行驶。报废的大型客、货车及其他营运车辆应当在公安机关交通管理部门的监督下解体。

律师提示

已达到报废标准的车辆很难达到机动车应有的安全技术标准，这样的车上路行驶，会构成很大的事故隐患。报废汽车拥有单位或者个人的正规处理方法是应当按照《报废机动车回收管理办法》的规定，及时将报废汽车交售给汽车回收企业。由后者对回收的报废汽车进行登记，并进行拆解。

52. 被盗车辆肇事的,赔偿责任谁来承担?

生活场景

　　11 月 10 日上午 6 时许,王某驾驶摩托车由西往东行至某农药厂门口时,被一辆小车迎面碰撞,致两车损坏,王某受伤送院治疗,肇事车司机弃车逃逸。经交警部门认定,小车司机应负事故全部责任。小车车主为何某,该车已于事故当日上午 8 时许报失,公安机关已立案侦查,尚未破案。何某为小车向平安保险公司投保了第三者责任险。王某因头部受伤两次住院治疗,共花去医疗费 58442.40 元。王某向法院起诉称因肇事者弃车逃逸,该车又为被盗车辆,至今未破案,要求平安保险公司支付抢救期间的医疗费用。

法律智慧

盗窃、抢劫或抢夺的机动车发生交通事故造成损害时,机动车的合法保有人完全丧失了对该机动车的控制能力,因此应认定盗窃、抢劫或者抢夺者为侵权责任主体。

但是,在交通事故发生后肇事者逃逸的情况下,因一时找不到支付抢救伤者医疗费或死者丧葬费的责任人,为不耽误伤者的治疗或死者的及时安葬,法律规定了有关的保险公司在机动车强制保险责任限额内先行"垫付"抢救费用。已经垫付了抢救费用的保险公司有权向交通事故责任人追偿。

法条链接

《侵权责任法》第五十二条　盗窃、抢劫或者抢夺的机动车发生交通事故造成损害的,由盗窃人、抢劫人或者抢夺人承担赔偿责任。保险公司在机动车强制保险责任限额范围内垫付抢救费用的,有权向交通事故责任人追偿。

《道路交通安全法》第七十五条　医疗机构对交通事故中的受伤人员应当及时抢救,不得因抢救费用未及时支付而拖延救治。肇事车辆参加机动车第三者责任强制保险的,由保险公司在责任限额范围内支付抢救费用;抢救费用超过责任限额的,未参加机动车第三者责任强制保险或者肇事后逃逸的,由道路交通事故社会救助基金先行垫付部分或者全部抢救费用,道路交通事故社会救助基金管理机构有权向交通事故责任人追偿。

《机动车交通事故责任强制保险条例》第二十二条　有下列情形之一的,保险公司在机动车交通事故责任强制保险责任限额范围内垫付抢救费用,并有权向致害人追偿:

(一)驾驶人未取得驾驶资格或者醉酒的;

(二)被保险机动车被盗抢期间肇事的;

（三）被保险人故意制造道路交通事故的。

有前款所列情形之一,发生道路交通事故的,造成受害人的财产损失,保险公司不承担赔偿责任。

律师提示

为避免机动车所有人以车辆被盗抢而拒绝承担赔偿责任,引发道德风险,对事故车辆是否是被盗抢的机动车有明确的判断标准。实践中,应查明事故车辆在发生交通事故之前,车辆所有人或管理人是否在公安机关进行报案,并由肇事机动车的车主提供公安机关出具的报案记录或证明。

53. 肇事者逃逸的,受害人人身伤亡的抢救、丧葬费用谁来承担?

生活场景

某日 19 时 25 分许,屈某某驾驶制动不符要求的轿车,沿公路由北向南行驶至一里程碑 4.6 公里附近处,与沿该道路同方向在前面骑自行车的茅某某发生相撞,致茅某某弹出后跌倒在地,后送医院抢救无效死亡。肇事后,屈某某即驾车逃逸,并将肇事车辆藏匿。经交警事故责任认定,屈某某负本起事故的全部责任。由于茅某某家庭经济状况极差,根本无力支付丧葬费。经查证,屈某某驾驶的轿车并未参加机动车强制保险。茅某某的家属感到非常无助,这种情形下,茅某某的人身伤亡的抢救、丧葬等费用如何处理呢?

法律智慧

屈某某的做法是典型的交通肇事逃逸行为。我国《刑法》、《道路交通安全法》和《道路交通安全法实施条例》分别对发生交通事故后逃逸的行为规定了刑事责任和行政责任,并明确逃逸的当事人应当承担事故的全部责任。

《侵权责任法》第五十三条则从民事责任的角度规定了机动车驾驶人肇事逃逸后交通事故责任的承担。如果肇事机动车不明或者该机动车未参加强制保险,需要支付被侵权人人身伤亡的抢救、丧葬等费用的,由道路交通事故社会救助基金垫付。

道路交通事故社会救助基金是指依法筹集用于垫付机动车道路交通事故中受害人人身伤亡的丧葬费用、部分或者全部抢救费用的社会专项基金。作为交通事故受害人所能获得的最后社会保障,道路交通事故社会救助基金的重要性不言而喻,而对于受害人而言,在何种情况下能够获得救助将是最为关键的问题。根据规定,在肇事机动车未参加交强险或机动车肇事后逃逸时,道路交通事故社会救助基金垫付道路交通事故中受害人人身伤亡的丧葬费用、部分或者全部抢救费用。可见,茅某某人身伤亡的抢救、丧葬等费用可以由救助基金垫付。当然,救助基金垫付后,其管理机构有权向交通事故责任人屈某某追偿。

法条链接

《侵权责任法》第五十三条　机动车驾驶人发生交通事故后逃逸,该机动车参加强制保险的,由保险公司在机动车强制保险责任限额范围内予以赔偿;机动车不明或者该机动车未参加强制保险,需要支付被侵权人人身伤亡的抢救、丧葬等费用的,由道路交通事故社会救助基金垫付。道路交通事故社会救助基金垫付后,其管理机构有权向交通事故责任人追偿。

《道路交通安全法》第十七条　国家实行机动车第三者责任强制保险制度,设立道路交通事故社会救助基金。具体办法由国务院规定。

《道路交通事故社会救助基金管理试行办法》第十二条　有下列情形之一时,救助基金垫付道路交通事故中受害人人身伤亡的丧葬费用、部分或者全部抢救费用:

(一)抢救费用超过交强险责任限额的;

(二)肇事机动车未参加交强险的;

(三)机动车肇事后逃逸的。

依法应当由救助基金垫付受害人丧葬费用、部分或者全部抢救费用的,由道路交通事故发生地的救助基金管理机构及时垫付。

救助基金一般垫付受害人自接受抢救之时起 72 小时内的抢救费用,特殊情况下超过 72 小时的抢救费用由医疗机构书面说明理由。具体应当按照机动车道路交通事故发生地物价部门核定的收费标准核算。

律师提示

目前,浙江省、市、县(市)三级政府正在按规定组织设立具有独立法人资格的救助基金管理机构。救助基金管理机构将向社会公布其电话、地址、联系人等信息。《侵权责任法》规定救助基金的垫付制度,并不意味着肇事者可以逃避赔偿责任的承担,因为法律还赋予救助基金管理机构追偿权。当然,如果肇事车辆经查明已经参加强制保险的,受害人依据本条规定可以直接要求保险公司在机动车强制保险责任限额内予以赔偿。

需要注意的是,交通肇事逃逸是非常严重的违法行为,国家对此惩罚力度也很大。例如交通肇事致一人以上重伤,负事故全部或者主要责任,本不构成交通肇事罪,但是如果存在"为逃避法律追究逃离事故现场的"行为,则以犯罪论处;又如犯交通肇事罪的,一般处 3 年以下有期徒刑或者拘役,但是如果交通肇事后逃逸的,处 3 年以上7 年以下有期徒刑,如果因逃逸致人死亡的,处 7 年以上有期徒刑。

第七章　医疗损害责任

54. 一个医疗纠纷三份鉴定结论，采信谁的？

生活场景

　　宁波仇某因胸闷、心悸 8 小时入住某医院治疗，住院后经医生初步诊断为：冠心病、急性心肌梗塞、高血压病和糖尿病等。医院采用了吸氧、尿激酶溶栓、止痛等治疗措施。次日，仇某突发心跳骤停死亡。

　　死者家属和医院先后做了三份鉴定。（1）双方共同委托宁波市医学会进行了医疗事故鉴定，鉴定认为：医院对于患者的急性心肌梗死诊断无误，选择药物溶栓治疗正确，但剂量偏小。医院的医疗行为未违反医疗常规，故不属医疗事故。（2）浙江省医学会鉴定认为：医院在医疗过程中与患者家属沟通及解释病情的严重性不够，对病情发展变化估计不足，溶栓治疗剂量偏小，但上述不足与患者的最终死亡无直接因果关系。本病例不属于医疗事故。（3）死者家属不服，又自行委托某司法鉴定中心,这份鉴定认为仇某死亡是由疾病发展与诊治过错共同所致,故医院方的过错参与度拟为50%。宁波市中级人民法院在二审中,依据最后这份鉴定,判决医院承担当事人损害一半的赔偿责任,即赔偿患方229832元,另赔偿精神损害抚慰金2万元。

法律智慧

《侵权责任法》明确了医疗损害侵权的过错责任原则,患者只要是在诊疗活动中受到损害,医疗机构及其医务人员有过错的,不管是否构成医疗事故,患者都可以主张侵权损害赔偿。这里的"过错"不应包括故意,仅为存在一般过失或重大过失。如果造成患者人身损害的行为主体不是医务人员,则属非法行医,不适用"医疗损害责任"的法律规范,而应当适用一般侵权行为的规则。但从损害赔偿的角度来看,医疗机构不因服务提供者没有相应资格而免责。虽然医疗侵权是由于医务人员的过失造成的,但是由于医务人员属于医疗机构的雇员,所以应当由医疗机构对患者进行赔偿。

医疗机构,具体包括综合医院、中医医院、中西医结合医院、民族医医院、专科医院、康复医院,妇幼保健院;中心卫生院、乡(镇)卫生院、街道卫生院,疗养院;综合门诊部、专科门诊部、中医门诊部、中西医结合门诊部、民族医门诊部,诊所、中医诊所、民族医诊所、卫生所、医务室、卫生保健所、卫生站,村卫生室(所),急救中心、急救站,临床检验中心等诊疗机构。

医务人员是指在各类医疗机构中承担诊断、治疗、护理等任务的专业技术人员。具体包括:主任医(药、护、技)师、副主任医(药、护、技)师、主治医(药、护、技)师、医(药、护、技)师及医(药、护、技)士。除此以外,处于见习期的诊断、治疗、护理人员,虽没有专业技术职务,也应当归入医务人员之列。

法条链接

《侵权责任法》第五十四条　患者在诊疗活动中受到损害，医疗机构及其医务人员有过错的，由医疗机构承担赔偿责任。

律师提示

以前，医疗侵权纠纷被分成"医疗损害赔偿纠纷"与"医疗事故纠纷"，并适用不同的法律规定，产生不同的损害赔偿责任。同样是因医院全部责任造成患者死亡的情况，如果按照"医疗损害"起诉，就有可能获得死亡赔偿金，一般金额可以高达 20 万元甚至 40 万元，但如果认定按"医疗事故"处理，是没有这笔赔偿金的。因为最高人民法院司法解释中关于人身伤害的赔偿标准要高于《医疗事故处理条例》的标准。这样就可能出现患者受害重反而获赔少、医院过错小反而赔偿多等不公平现象。社会各界一直呼吁尽早消除医疗损害责任双轨制的局面。

浙江省高级人民法院于 2010 年 9 月 13 日公布了《关于审理医疗纠纷案件若干问题的意见（试行）》，规定在患者因医疗行为遭受损害提起侵权之诉时，将统一定为"医疗损害赔偿纠纷"，并统一适用《侵权责任法》确定损害赔偿责任。对案件审理中涉及的医药专业性问题，如医疗机构的过错、因果关系、损害后果等，法院可依当事人申请或依职权决定，委托医学会或其他社会司法鉴定机构统一进行"医疗损害"鉴定，而不再进行原有的"医疗事故"鉴定。为确保鉴定的准确性和公正性，法院可要求鉴定机构举行听证会，鉴定人应出庭接受当事人质询，当事人可申请专家辅助质证等。鉴定人无正当理由拒不出庭的，法院对鉴定结论可不予采信。

另外，在举证责任上，该《意见》对《侵权责任法》确定的医疗损害过错责任进行了适当诠释，规定患者只要举证证明到该医疗机构就医(包括隐名就医)、就医后发生损害的事实,并提供医疗行为有过错的初步证据,就完成了举证责任;而医疗机构认为其医疗行为与损害后果之间不存在因果关系、没有过错,应提供相应证据。值得注意的是,发生医疗损害赔偿争议,患者一方起诉的,应当以医疗机构为被告,而不能以为患者诊疗的具体医生和护士为被告。

55. 医院未充分履行告知义务应承担何种责任?

生活场景

村民李某在盖房子的时候从房屋上摔下,全身多处受伤,便去镇上医院就诊,该医院及时为其进行了检查,经 X 线摄片未发现左手腕骨骼异常,胸部经彩超检查亦未发现明显异常,诊断为全身多处复合性外伤,建议住院进一步检查治疗,遭到李某及其家人的拒绝,李某之子在门诊病历上签字认可拒绝住院。当天夜里,李某左手腕肿胀明显加剧,即在村卫生室用药治疗,一个星期后没有好转。李某认为没有伤到骨头问题不大,就放弃了进一步检查和治疗。一个月后,李某仍感左手腕肿胀疼痛,于是到另一医院进行 CR 检查,被诊断为左手月骨掌侧脱位,需住院手术治疗,后住院 11 天,支付医疗费3460.88 元。李某认为,由于镇医院的错误诊断,延误了治疗时机,致使其额外支出。于是向法院起诉,请求判令镇医院赔偿医疗费、误工费等各项损失 9998 元。

法院经审理认为:镇医院对原告的告知释明方式存在着疏漏,与公众和医疗职业规范对医院的要求还有一定的差距,原告的延误治疗与镇医院的诊疗行为有一定的因果关系,对原告的损失应承担一定的赔偿责任,按 35% 比例赔偿为宜。判决镇医院赔偿李某医疗费、误工费等各项损失合计 2042.91 元。判决后,双方都没有提出上诉。

法律智慧

患者作为医疗活动的当事人,有权利知道医方将对自己采取何种措施的治疗、治疗的风险有多大、治疗的后果会如何、治疗的费用大致会是多少等。只有医务人员向患者说明后,患者才能基于医方对其病情和欲采取的治疗方案等情况说明来作出自己的判断,行使自己的自主权和决定权。我国《医疗机构管理条例》、《执业医师法》和《医疗事故处理条例》等法律法规都明确规定医疗机构的告知义务和患者的知情同意权。医疗机构对患者的告知说明应当是明确充分的,仅建议"住院进一步检查治疗"而不说明具体理由,因此延误治疗时机并造成后果的,应承担相应的责任。《侵权责任法》第五十五条则进一步明确了医务人员在诊疗活动中的"告知说明义务"。

法条链接

《侵权责任法》第五十五条　医务人员在诊疗活动中应当向患者说明病情和医疗措施。需要实施手术、特殊检查、特殊治疗的,医务人员应当及时向患者说明医疗风险、替代医疗方案等情况,并取得其书面同意;不宜向患者说明的,应当向患者的近亲属说明,并取得其书面同意。

医务人员未尽到前款义务,造成患者损害的,医疗机构应当承担赔偿责任。

律师提示

本案中损害后果的发生是由李某和镇医院的过错共同导致的。一方面,在一般情况下,门诊意味着初步诊断和治疗,当患者感觉有其他病变或加重症状的时候应再次到门诊诊疗或到上一级医院检查治疗,但李某没有这样做。其延误治疗的主要原因是由于其自身不遵从"住院进一步检查治疗"的医嘱和不适当地放松警觉造成的,原告自身有所疏忽,因此李某对延误治疗应负主要责任。

另一方面,在医生要求李某住院观察的时候,李某及其家人认为医院要求住院主要目的就是盈利,从而产生了抵触情绪。正是在这种极不信任的背景下,医务人员对患者要有相对一般病人更加谨慎的说明告知义务,这种义务源于医疗职业规范和对患者的保护,因为后者由于不懂医疗技术而处于弱势地位。镇医院不仅应告诉李某需住院进一步检查治疗,还有义务向李某说明住院观察的理由,消除患者的误解和对立情绪,使患者了解到可能发生的后果。这样,患者即便仍不信任也会引起警觉,其延误治疗在很大程度上就可能避免。因此,医院对说明告知义务的履行在一定程度上还不够充分,也构成对告知义务的违反。类似的医疗纠纷还有,医院在为女性进行 X 光透视检查时未询问孕产史并告知可能对妊娠的影响,就需要对由此产生的损害后果承担相应的责任。

56. 丈夫拒绝签字致孕妇死亡,应当由谁承担责任?

生活场景

2007 年 11 月 21 日 16 时左右,怀孕 41 周的小李因难产生命垂危被其丈夫肖某送到医院。经医生诊断为"孕足月、重症肺炎、急性呼吸衰竭、急性心功能衰竭",需要立即进行剖腹产手术。按照规定,进行任何手术前,必须得到患者或家属的签字同意。由于小李已经陷入昏迷,肖某成为唯一有权签字的人。当医生将手术单递给他时,意想不到的情况出现了——拒签,理由是"你们把她的病治好了就行,她自己会生的","不能做剖腹产手术,否则将来就不能生二胎了"。与此同时,小李的病情急转直下,在随后 3 个小时的僵持中,尽管包括院长在内的众多医生苦苦相劝,言明利害,甚至 110 警察也赶到现场,但肖某都置之不理,最后仍在同意书上签下"坚持用药治疗,坚持不做剖腹产手术,后果自负"字样。在"违规"与"救死扶伤"的两难中,医院的几名主治医生只好动用所有急救药物和措施,而无法进行剖腹产手术。在丧失几次手术机会后,悲剧已经不可避免,19时左右,年仅22岁的小李因严重的呼吸、心肺衰竭而不治身亡。事后,小李父母认为医院对其女儿之死负有责任,起诉到法院提出121万多元的赔偿请求。

法院经审理认定,医院的诊疗行为与小李的死亡后果之间无因果关系,不构成侵权,不应当承担赔偿责任,判决驳回小李父母的诉讼请求。后者不服提起上诉。二审法院驳回上诉,维持原判。

法律智慧

一般情况下,医务人员不能代替患者做出是否采取诊疗措施的决定,而只能对患者提供诊疗措施的建议,并对建议的诊疗措施进行说明。否则,极易引发医患纠纷。应当说,本案中医院已经充分履行了告知义务。医院与患者之间是一种平等的医疗服务合同关系,在患者不同意接受手术治疗的情况下,医院如果强制治疗,就违反了合同法和相关的医疗法律法规。

根据《医疗机构管理条例》第三十三条的规定,医疗机构施行手术、特殊检查或者特殊治疗,无法取得患者意见时,应当取得家属或者关系人同意并签字。当无法取得患者意见又无家属或者关系人在场,或者遇到其他特殊情况时,经治医师应当提出医疗处置方案,在取得医疗机构负责人或者被授权负责人员的批准后实施。也就是说,在患者家属在场的情况下,医院没有强制医疗的权利。

《侵权责任法》第五十六条规定了紧急情况下患者知情同意权的例外,赋予医疗机构在"紧急情况下"的单方行医权。同时,在紧急情况下及时抢救生命垂危的患者,也成了医疗机构不可推辞的法定义务,体现了法律对生命的尊重。但为了防止医方滥用该权利,对其适用规定了严格的限制条件,一是必须在"紧急情况下";二是"不能取得患者或者其近亲属意见",主要是指患者不能表达意志,也无近亲属陪伴,又联系不到近亲属的情况,不包括患者或者其近亲属明确表示拒绝采取医疗措施的情况;三是"须经医疗机构负责人或者授权的负责人批准"。

法条链接

《侵权责任法》第五十六条　因抢救生命垂危的患者等紧急情况,不能取得患者或者其近亲属意见的,经医疗机构负责人或者授权的负责人批准,可以立即实施相应的医疗措施。

律师提示

小李的遭遇在当时引起了社会的剧烈反响,肖某拒签,背上了无知固执的骂名,医院没有强行手术,也遭到"丧失天职"的指责。每当一个重大案例的出现,往往便是制度设计重新调整的时期。生活中发生意外事故时,医院作为收治患者的场所,其中相当一部分患者是属于紧急入院抢救,其家人往往后来才得知情况,《侵权责任法》第五十六条的规定在于使患者得到最及时的治疗,尽最大可能挽救其生命。医务人员在紧急情况下尽到合理的注意义务的,即使患者最终发生了损害,医院也不应承担赔偿责任。

57. 妇女一身竟带两只"环"吃尽苦头,卫生院是否要承担责任?

生活场景

临安某村农妇徐大姐多年前生育二胎后,在临安市 X 镇卫生院放置了"O"型节育环。1995 年却意外的带环怀孕了。为此,她到镇卫生院做了人流手术,之后又被放置了一只"T"型节育环。术后,徐大姐经期不正常,出血量增多并常有剧烈疼痛,日常生活和工作受到严重影响,夫妻感情一度恶化,差点导致离婚。经多方求医问药均无效。

1999 年 5 月 13 日,徐大姐在做透视检查时才发现自己身上竟然带着两只节育环。两天后,她在医院取出了"T"环。一个月后,她又在临安计划生育技术指导站取出了另一只"O"型节育环。2000 年 8 月,镇人民政府邀请临安市卫生局召集徐大姐与镇卫生院进行调解,因卫生院仅同意补偿 2000 元而调解失败。后徐大姐向临安市医疗事故技术鉴定委员会提出鉴定申请,该委于 2001 年 7 月 25 日作出临医鉴定〔2001〕02 号鉴定结论,认为该医疗事件不属医疗事故,但分析意见认为"一身带两只节育环情况属实,医务人员不按常规操作造成"。悲愤之余,徐大姐将镇卫生院诉至法院。

经法院审理查明,认定镇卫生院未对徐大姐作常规检查,就断定徐大姐上环后怀孕,原放置的"O"型节育环必定已脱落,又给其放置了"T"型节育环的事实。

法律智慧

镇卫生院是否要承担责任,要看其医务人员是否尽到相应的诊疗义务。医务人员在诊疗时对患者负有应尽合理注意义务并施以专业诊疗的义务,如果医务人员违反了这一义务,就构成医疗过失。《侵权责任法》第五十七条明确规定医务人员的诊疗义务。尽到诊疗义务的重要依据,一方面是诊疗行为符合法律、行政法规、规章以及其他诊疗规范的有关要求;另一方面是医务人员作为专业人士对患者的诊疗都必须尽到的谨慎义务。

确定医疗过失,应以当时的医疗水平为标准,同时参考地区、医疗机构资质和医务人员资质,确定医疗机构和医务人员应当达到的高度注意义务。既然放环前要做的检查被称为"常规"检查,说明这是一般医疗规范的要求。镇卫生院没有尽到这项义务,存在过错,应当承担相应的赔偿责任。据此,法院判决镇卫生院赔偿徐大姐7244.34元(含精神损害抚慰金7000元)。

法条链接

《侵权责任法》第五十七条 医务人员在诊疗活动中未尽到与当时的医疗水平相应的诊疗义务,造成患者损害的,医疗机构应当承担赔偿责任。

律师提示

医务人员的注意义务与行为的合法合规并非完全等同的概念。一名医务人员应当具有的诊疗水平,并非完全能够被法律法规和规章以及其他诊疗规范的有关要求所涵盖。在现实生活中,极有可能出现医务人员的行为完全是遵守具体的操作规程,但仍然有可能做出事后证明是错误的判断,实施事后证明是错误的行为。基于医疗行为具有未知性和专业性的特点,不能仅凭事后证明错误这一点来认定医务人员存在诊疗过错,关键要看其他医务人员在同样情形下会不会犯这种错误。在本案中,显然其他医务人员在同样情形下一般不会犯镇卫生院医务人员同样的错误。

58. 医院隐匿、伪造病历,需要承担什么责任?

生活场景

6月26日,老牛因突然咳血,到市医院门诊就诊,经医生诊断为慢支伴咯血。4天后,老牛又到该院复诊,医生又为其开出治疗处方。两日后仍不见好转,于是医院让老牛住院治疗,住院后的第3日老牛死亡。此后老牛家属与医院发生纠纷,医院没有在医患双方同时在场的情况下对老牛的病历讨论记录、会诊意见、病程记录等病历资料进行封存。7月8日,老牛的儿子向医院申请,要求复印老牛的病历资料,但该院没有给其复印。后老牛家属起诉至法院。

在诉讼中,法院依原告的申请将老牛的病历资料记录23页进行了保全。审理中,原告还对被告医院制作的老牛病历资料的真实性提出异议。法院委托市公安局进行笔迹鉴定,鉴定结论是:(1) 长期医嘱单上六次的签名不是一人书写。(2)长期医嘱单上"7月3日8:20AM 典沙 100mlivgttBid"与"15—20 滴/分"不是同一人一次书写形成。(3)临时医嘱单上"7月5日 0:40AM5％GS250ml 酚妥拉明 10mgRI4ivgttst"与"10—15d/m"是否为一次书写形成无法鉴定。

法院认为,被告没有在医患双方在场的情况下封存病历资料,拒绝原告要求复印病历资料的请求,且经鉴定被告提供的老牛病例有部分伪造的情况,故被告存在一定的过错,其对老牛的死亡酌情承担50％的过错责任为宜。判决被告医院赔偿原告老牛家属人民币107367.26 元。案件受理费由原、被告双方各负担一半。

法律智慧

本案涉及医疗机构过错推定的情形。医疗侵权责任适用过错责任原则,即只有在医疗机构有过错且因该过错给患者造成损害后果的情形下,医疗机构才承担责任。但是,《侵权责任法》第五十八条规定了患者有损害,因三种情形之一的,推定医疗机构有过错。三种情形实际上是医疗机构对法定义务的违反。当适用本条时,首先应证明该三种情形之一的存在,才可以推定医疗机构过错的存在。

三种情形中有两种与病历资料直接相关。病历资料是医护人员对患者进行医疗活动全过程的记录和总结,真实性和完整性是其本质要求。《医疗事故处理条例》和《医疗机构病历管理规定》等法律规范都对固定证据,保证病历资料的客观、真实和完整作了相关规定。该医院之所以被判令承担相应的责任,主要原因就在于其伪造、篡改病历资料的行为。

法条链接

《侵权责任法》第五十八条 患者有损害,因下列情形之一的,推定医疗机构有过错:

(一)违反法律、行政法规、规章以及其他有关诊疗规范的规定；

（二）隐匿或者拒绝提供与纠纷有关的病历资料；

（三）伪造、篡改或者销毁病历资料。

律师提示

以前，某些医疗机构凭借自身掌握病历资料的优势地位，往往采取隐匿或者拒绝提供与纠纷有关的病历资料，以及伪造、篡改或者销毁病历资料的方式来影响法院的判决。这种做法不仅加剧了医患对立，也在一定程度上损害了法律的公平正义。

《侵权责任法》生效后，如医疗机构有上述行为，患者因此受到损害的，人民法院就能以此来直接推定医疗机构有过错，并判决医疗机构承担责任。因此，医疗机构在诉讼中必须主动向法院提供完整的病历，以避免对其产生不利的后果。但是，推定医疗机构有过错，并非当然认定医疗机构有过错。也就是说，医疗机构可以提出反证证明自己没有过错，从而免除责任。

值得一提的是，当双方当事人对医学文书的真实性和完整性发生争议，比如就病历中记载的事项及签名的真实性发生争议时，除非是显而易见的情况，否则就需要借助鉴定来判断真伪。

59. 医疗产品存在缺陷给患者造成损害，谁应承担责任？

生活场景

4月18日，汪某在宁波市J医院接受胃癌切除手术，因术后出现食道胃吻合口狭窄症状，遂于9月6日入住宁波市D医院。9月17日，经患者同意，D医院决定为汪某置放进口防返流食道支架，以改善食道症状；24日取出该支架，汪某出院。11月8日，汪某因进食困难再次入院治疗；12 日,D 医院为其第二次置入支架,21 日汪某出院。12 月 31 日,汪某因进食困难第三次入院,次年 1 月 14 日,D 医院为其施行胸腹联合手术,并取出食道支架。2 月 26 日汪某出院,后死亡。5 月 10 日,医院鉴定汪某因部分食道及全胃切除手术后重度营养不良而死亡。汪某家属则认为,D 医院违反约定,放置的支架并非进口产品,而是普通无膜支架,且是三无产品,支架直接导致病人食道长"肉芽",阻塞食道,并最终死亡,于是向法院起诉,要求 D 医院赔偿医疗费、精神损害抚慰金等共计 456371.06 元。

法院经审理认为,被告 D 医院作为专业的医疗机构,未履行必要的告知义务,未让患者及家属行使选择权就为患者置入国产无膜支架,且对置入的无膜支架不能证明合法来源,不能提供产品的合格证书,并以进口价格收费,确有过错,并构成欺诈。判决被告 D 医院赔偿原告医疗费 56963.08 元、丧葬费 5689.75 元、死亡赔偿金 39705 元、住院期间护理费 2930.61 元、交通费 319 元、鉴定费 3000 元、精神损害抚慰金 5000 元,合计 113607.44 元。

法律智慧

《医疗器械监督管理条例》第二十六条规定,医疗机构应当从取得《医疗器械生产企业许可证》的生产企业或者取得《医疗器械经营企业许可证》的经营企业购进合格的医疗器械,并验明产品合格证明。D 医院不能证明置入汪某体内的食道支架的合法来源,也未提供产品的合格证明;双方当事人虽未对第二次置入的支架性质作出约定,但被告在实际使用国产无膜支架的情况下,却在费用结算单上注明进口字样,并按进口产品收费,从而使原告有理由相信使用的是进口产品,存在过错,与汪某的死亡有一定的因果关系,须承担相应赔偿责任。

医疗损害纠纷中,有大量的损害是由于医疗过程中使用的药品、消毒药剂、医疗器械存在缺陷造成的。在我国的医疗实践中,医疗单位既是诊疗护理服务的提供者,同时也是药品的最大零售商。由于受害人很难指明缺陷药品、药剂和器械的生产者,因此《侵权责任法》第五十九条明确规定,受害人可以直接向医疗机构主张产品责任,医疗机构不得推诿,但医疗机构可以向负有责任的生产者追偿。如果医疗机构不能指明具体生产者,则应承担最终的赔偿责任。

法条链接

> **《侵权责任法》第五十九条**　因药品、消毒药剂、医疗器械的缺陷,或者输入不合格的血液造成患者损害的,患者可以向生产者或者血液提供机构请求赔偿,也可以向医疗机构请求赔偿。患者向医疗机构请求赔偿的,医疗机构赔偿后,有权向负有责任的生产者或者血液提供机构追偿。

律师提示

患者骨折后被植入钢板,钢板却意外地折断了;患者在医院输血却感染了艾滋病……患者与医院交涉,医院常理直气壮地说:"医院没责任,你自己去找厂家。"《侵权责任法》的规定意味着医院不能再以此理由搪塞,患者可以直接告医院,也可以告厂家,从而使医用产品质量损害赔偿与《合同法》及《产品质量法》的规定相统一,扩大了患者追偿的责任对象,规定了医疗机构对其向患者提供的药品、消毒药剂、医疗器械的缺陷及输入患者体内血液的合格性负有先行赔偿的担保义务,对患者行使权利提供了便利。实践中,需注意以下两点:

(1) 如果患者选择仅起诉医疗机构,而医疗机构又因此承担了赔偿责任,那么医疗机构不仅可以向医疗产品的生产者、血液提供机构追偿,还可以同时向他们主张因此遭受的其他损失,因为在医疗机构没有过错的情况下,其自身也是受害者。

(2)患者向医疗机构请求赔偿的,医疗机构可以要求生产者或血站协商赔偿。也就是说,在发生上述损害时,为避免相对漫长的诉讼程序,患者可以选择非诉讼的维权方式。在多数情况下,医疗产品的生产者或血站考虑与医疗机构的长期合作关系等因素,会主动向患者承担赔偿责任。

60. 紧急情况下医务人员已尽到合理诊疗义务,但患者仍有损害的,医疗机构还须承担责任吗?

生活场景

某日,龚某因突发性上腹部疼痛到 S 医院就诊。急诊拟诊其为"急性弥漫性腹膜炎、上消化道溃疡穿孔",当即收治入院。随后,S 医院为龚某进行剖腹探查术,术中发现龚某为"急性坏死胰腺炎、胆囊结石、胆总管结石",并给予胆囊切除、胆总管探查、T 管引流、胰包膜切开减压、空肠造瘘。术后,龚某因胰腺坏死组织感染先后两次进行清创术,清除了大量坏死组织。由于龚某出现严重感染,导致多脏器功能衰竭。S 医院为龚某进行气管切开术,经积极救治,龚某病情得以改善。事后,龚某认为由于 S 医院的医务人员误诊,造成自己的人身和财产损害,向当地卫生行政部门提出医疗事故申请,要求追究 S 医院的医疗事故责任。卫生行政部门委托当地医学会进行医疗事故鉴定,鉴定结论为不构成医疗事故。于是,龚某向当地法院起诉,要求 S 医院承担赔偿责任。S 医院则称,医院对龚某的治疗活动无原则性错误,符合医疗常规,龚某急诊时具备手术指征,剖腹探查后确诊诊断明确,已尽到合理诊疗义务。

你们医院让我吃了那么多苦头，不赔偿可说不过去！

您当时的情况那么紧急，我们已经尽到了合理诊疗义务了！

法律智慧

本案涉及医疗机构对急诊疾病尽到合理诊疗义务,但初诊结果和手术探查的结果不一致,患者有损害的情形下,医疗机构是否可以免责的问题。《侵权责任法》第六十条规定了患者有损害,但医疗机构可以免责的几种情形,其中包括"紧急情况下已经尽到合理诊疗义务"。"紧急性"经常是患者命悬一线,医务人员的诊疗时间非常短,情况的突发性使医务人员难以在技术上作出全面细致的考量。当然医务人员也应尽量对患者伤病进行准确诊断并采取合理适当的治疗措施。

急腹症是临床上常见的急诊疾病。患者经常因突发性腹痛到医疗机构就诊,而引起腹痛的原因非常多样和复杂。由于此病来势凶猛,而且鉴别诊断困难,一般均需进行剖腹探查术来查明原因。所以,拟诊与剖腹探查证实的致病器官不同是符合临床实际情况的。要求医生既要第一时间救人,又要求在不可能等全部检查腹部每个脏器后再手术的情况下拟诊和手术证实的一致是不现实的。因此,S医院对龚某的损害不承担赔偿责任。

法条链接

《侵权责任法》第六十条　患者有损害，因下列情形之一的，医疗机构不承担赔偿责任：

（一）患者或者其近亲属不配合医疗机构进行符合诊疗规范的诊疗；

（二）医务人员在抢救生命垂危的患者等紧急情况下已经尽到合理诊疗义务；

（三）限于当时的医疗水平难以诊疗。

前款第一项情形中，医疗机构及其医务人员也有过错的，应当承担相应的赔偿责任。

律师提示

除本案情形外，患者或者其近亲属不配合医疗机构进行符合诊疗规范的诊疗也是医疗机构的免责事由之一，但医疗机构及其医务人员对此情形也有过错的，应当承担相应的赔偿责任。如果患者或者其近亲属不配合医疗机构进行符合诊疗规范的诊疗，医疗机构就可以完全免除责任，极有可能导致因医疗机构或医务人员的原因造成患者不配合诊疗时，医疗机构免除本应由其承担的责任的情形。

患者或其近亲属不配合诊疗的行为可以分为两类：(1)"客观上的不配合"。这是由于其医疗知识水平的局限难以对医疗机构采取的诊疗措施建立正确的理解，如不遵医嘱、错误用药等。这时，判断患者是否存在过错的前提在于医务人员是否向患者适当履行了合理的说明告知义务，并足以使患者对诊疗措施及其风险后果产生合理认识。(2)"主观上的不配合"。如患者故意"寻死"，但该情形一般较为罕见。在上述两种情况下，如果医务人员已经尽到说明告知义务且采取的诊疗措施并无不当，患者因此遭受损害的，医疗机构不承担责任。

此外,如果患者有损害,是限于当时的医疗水平难以诊疗的,医疗机构也可以免责。因为医疗机构及其医务人员对患者进行诊疗,并不负担保证治愈的义务。在医学领域,并非所有的疾病都可以获得有效诊疗。《侵权责任法》规定医疗机构的免责事由并不是单纯向医方利益倾斜的表现,而是考虑到广大患者利益以及整个医疗行业健康发展的需要所做的平衡。如果法律对医疗机构的责任规定得过于严格,可能会导致医务人员在诊疗活动中大量采取保守型甚至防御性治疗措施,对于存在风险的治疗方案畏首畏尾,最终牺牲的还是广大患者的利益。

61. 患者有权查阅、复制病历资料吗?

生活场景

7月9日凌晨3时20分,小严出生在某妇幼保健院,因其出生的孕期是31周,出生时的体重仅1.64公斤,属于早产低体重儿,出生后就出现四肢青紫现象。院方给予深部吸痰及面罩吸氧5分钟后面色转红润,四肢青紫改善,随即出现呻吟。小严遂被转入该院新生儿科治疗,经检查诊断为"早产儿、新生儿肺透明膜病,出生低体重儿"。小严被转入新生儿科时眼睛对光反应灵敏,呻吟渐明显,唇周轻度紫绀,呼吸急促,不规则,轻度三凹征,反应稍差,氧饱和度监测为72%~80%。经持续治疗,8月9日下午,小严表现为呼吸稍促,欠规则,三凹征、无呼吸暂停、发绀现象消失。8月22日,小严父母要求出院,该妇幼保健院对小严的出院诊断为:"早产儿、低出生体重儿、低钾血症、呼吸暂停。"医嘱门诊随诊。小严在妇幼保健院治疗期间的总医疗费用是10243.40元。出院后,小严父母要求复印病历资料,想了解治疗情况,但该妇幼保健院以内部资料不方便外传为由拒绝。

此处涉及患者查阅、复制病历资料的权利。病历是指医务人员在医疗活动过程中形成的文字、符号、图表、影像、切片等资料的总和,包括门(急)诊病历和住院病历,如住院志、体温单、医嘱单、化验单(检验报告)、医学影像检查资料、特殊检查同意书、手术同意书、手术及麻醉记录单、病理资料、护理记录等。

医疗服务具有不公开的特点,无论是出于医学科学的考虑还是从保护患者隐私的角度看,除医患双方外,与医疗行为无关者不得进入医疗现场。病历资料作为医疗机构对患者治疗情况的记载,在发生医患纠纷时,就成了医疗侵权诉讼中极为关键的证据,往往直接导致医疗诉讼的成败。考虑到这类资料的制作、保管均由医疗机构一方完成,从证据角度讲,医疗机构一方对于证据的掌握和控制处于强势。《侵权责任法》第六十一条对此作了明确规定,在合理的限度内赋予患者查阅和复制病历资料的权利,以平衡双方在举证能力上的悬殊。因此,小严父母有权查阅、复制病历资料,该妇幼保健院也应当提供。

法条链接

《侵权责任法》第六十一条 医疗机构及其医务人员应当按照规定填写并妥善保管住院志、医嘱单、检验报告、手术及麻醉记录、病理资料、护理记录、医疗费用等病历资料。

患者要求查阅、复制前款规定的病历资料的,医疗机构应当提供。

《医疗机构病历管理规定》第十二条 医疗机构应当受理下列人员和机构复印或者复制病历资料的申请:

(一)患者本人或其代理人;

（二）死亡患者近亲属或其代理人；

（三）保险机构。

律师提示

医疗机构对患者的病历资料承担以下义务：首先，必须按照规定填写；其次，必须妥善保管；最后，在患者提出要求的时候，必须向患者提供查阅、复制服务。这里要注意有权查阅、复制病历资料的人主要包括：患者本人或其代理人，死亡患者近亲属或其代理人以及保险机构。在患者本人未死亡的情况下，即使是患者的近亲属，如果缺乏患者本人的授权同意，也无权查阅、复制该患者的相关病历资料。另外，在申请查阅、复制病历资料时，申请人还需要提供相关证明文件。

62. 人流手术遭医学院实习生"集体观摩"，医院要承担侵权责任吗？

生活场景

27 岁的未婚女青年梁小姐在青岛市某医院检查时，发现自己怀孕了。因为尚未结婚，梁小姐决定做人流手术。上午 9 时 20 分左右，在朋友初小姐的陪同下，梁小姐来到该院做手术。在手术室门口等候的初小姐发现，手术过程中大概有八九名男女学生进入手术室。后来，她意识到这些医学院的实习生在对手术过程进行集体观摩。梁小姐做的不是普通的外科手术，怎么可能会同意外人观摩呢？初小姐为此向值班医生提出质疑，医生说已经征得梁小姐的同意。尽管初小姐仍然感到纳闷，但为了不影响梁小姐的手术，她当时并没有与医生争论。手术结束后，初小姐问梁小姐是否同意让实习生观摩，梁小姐当即否认此事。随后两人一起找值班医生，可是医生只是说病人当时是同意的,但不肯当面对质。无奈,梁小姐将该医院告上法院。

法院认为,妇女的流产属于个人秘密,医院将梁小姐的人流手术过程暴露于与其手术无关的人员,梁小姐的隐私权受到了侵犯。判决该医院赔偿梁小姐精神损害抚慰金人民币1万元。一审判决后,医院提起上诉,二审法院驳回上诉,维持原判。

法律智慧

本案涉及患者隐私权保护的问题。隐私主要包括私人信息秘密和私生活安宁两方面。《侵权责任法》第二条明确将隐私权列入受法律保护的民事权益。

患者的隐私主要是指患者在就诊过程中向医师公开的,但不愿让其他人知道的个人信息、私人活动或私有领域。在患者接受医疗机构及其医务人员的诊疗活动中,后者出于诊疗的需要会掌握患者的诸多隐私,如检查身体隐秘部位、查阅既往病历、了解当前病症的成因等。具体到本案,双方对医院组织医学院学生观摩梁小姐流产手术过程的事实,没有争议。争论焦点在于梁小姐是否同意此事。尽管医院方面出具了两位医生的《情况说明》来证实其组织教学观摩活动是经过梁小姐同意的,但这两人都与案件有直接的利害关系,从证据形式上不符合民事诉讼证据规则有关证人证言的要求,因而缺乏证明效力。梁小姐向法庭提供的病历资料显示医院给病人实施了麻醉手术,对梁小姐手术前及手术中是否同意教学观摩之事也没有记载。因此,医院未经梁小姐的允许,擅自安排实习生对其人流手术进行观摩,严重侵犯了梁小姐的隐私权,应当承担侵权责任。

法条链接

《侵权责任法》第六十二条 医疗机构及其医务人员应当对患者的隐私保密。泄露患者隐私或者未经患者同意公开其病历资料,造成患者损害的,应当承担侵权责任。

律师提示

医患隐私纠纷被推向法律解决的轨道,一定程度上说明了广大患者法律意识的增强。在本案中,医院曾提出作为一家教学医院,为医学院学生提供实习是其工作,属于公益事业范畴。梁小姐到医院就医,视为接受了医院的医疗方式。但患者进行手术是否就可以随意观摩呢?这其实是医院的教学任务和患者隐私权保护发生冲突的问题。换句话说,医院的教学活动是否必须以损害患者的隐私权为代价。

首先,应肯定患者的隐私权是一项法定的权利,必须予以保护,这是前提。

其次,要分清治疗人员和实习医生两类人。我们知道,只要不妨害公共利益或他人利益,民事权利是可以处分的,隐私权也是这样。患者到医院就医,以放弃自己的隐私权为代价,接受医务人员的治疗,包括对自己隐私部位的探知和接触。因此,治疗人员接触患者隐私无疑是合法的,但也应以其必要的治疗活动所应接触的范围为限。

再次,由于医学专业本身的特殊性,实习是实现学生向医生的转变必不可少的步骤。但并不意味着为了提高实习生的医术水平,为了将来更多患者的公共利益,就可以牺牲某个患者的个体利益。教学任务是医疗机构的一种职责和法定义务。对患者来说并不负有放弃自己的隐私权满足医院进行教学的义务,教学医院与实习生之间、教学医院与患者之间是两个不同的法律关系。教学医院的教学活动侵犯患者隐私的,仍应承担相应的法律责任。

其实,医院的教学活动与保护患者的隐私权并非两种正面冲突的权利。医院完全可以通过协商和经济补偿等手段事先征得患者同意,也可以通过先进技术模拟诊疗过程,以达到教学的目的。

63. 入院 67 天花费 550 万元天价医疗费,医院要承担责任吗?

生活场景

6月1日,75岁的翁大爷被送进了某附属医院(三级甲等)的心外科重症监护室。他在一年前被诊断患上恶性淋巴瘤并因化疗引起多脏器功能衰竭。之后的67天住院时间里,翁大爷的家人共向医院缴纳了139.7万多元的医药费,平均每天将近2.1万元。此外,翁大爷的家人还根据医院处方购买了400多万元的药物交给医院作为抢救急用。然而,高昂的医药费未能挽回翁大爷的生命。8月6日,翁大爷因抢救无效在医院病逝。后来翁家人发现在住院收费的明细单上,竟然记载着翁大爷严重过敏的药物,而翁家人在入院前已反复向医生强调翁大爷对该药物的过敏反应。另外他们还发现账单上显示,翁大爷最多一天输血竟达94次。按照医院的说法,成年人每次输血量最少是 100 毫升计算,相当于一天给老人全身置换血液两次多,震惊中的翁家人遂将医院开具的收费明细公布在媒体上。耗资550 万元"买"来中国目前"最昂贵的死亡"。此事一经媒体披露,立即在社会上引发强烈"地震"。根据卫生部的调查结论,该医院对翁大爷的治疗过程中,存在过度医疗、过度检查和过度用药等违规行为。

法律智慧

"重复检查"、"用高档医疗设备做一般检查"、"小病大治"、"开大处方"等过度医疗行为已成为社会焦点问题之一。实践中过度检查的出现,有两种原因:(1) 医疗机构为了尽量减少和避免治疗失败的风险,倾向于对患者做尽可能全面的检查,以发现任何可能存在的病症,以求治疗方案的完备和妥当,避免在日后可能发生的纠纷中处于不利地位;(2) 有些医疗机构为了多收取费用,以增加收入,"以药养医"、"以检养医"。不管出于何种目的,都极大地增加了患者的医疗费用成本,耗费了患者的时间和精力,甚至给患者身体带来不必要的损害。

《侵权责任法》第六十三条对过度检查行为进行了规范。然而本条只能在某种程度上减少不必要检查行为的出现,缓和紧张的医患关系,但医疗问题的最终解决有赖于我国的医药卫生体制改革以及医疗保障体系的建立健全。

法条链接

《侵权责任法》第六十三条　医疗机构及其医务人员不得违反诊疗规范实施不必要的检查。

律师提示

《侵权责任法》第六十三的规定,扩大了对就诊患者的保护力度和范围,加强了对医疗机构的规范和约束,对于控制和降低人民群众反映强烈的医疗费用过高的问题,具有重要的意义。在实践中需要注意:

(1)"过度检查"只限于检查。医疗行为包括检查、诊断、治疗及术后护理等诸多环节。"检查"仅是其中一个环节,是医疗机构及其医务人员在患者入院后对病情进行检验筛查的过程,包括患者从入院到出院诊疗过程中的各种检查项目。如果其他环节存在不必要的诊疗问题,依据《侵权责任法》目前的规定还不能得到补偿。

(2)认定标准为"诊疗规范"。认定是否构成过度检查的标准为医疗卫生管理法律、行政法规、卫生部门规章、检验筛查操作规程等确立的诊疗规范。也就是说,有检验筛查方面的法律法规及规章的,遵守这些规定;没有这些规定的,按照同类病情目前在检查方面的医疗常规、惯例作为判断标准。只要医疗机构及其医务人员违反上述诊疗规范及常规,对患者当前的病情实施超过上述规范及常规之外的检查,均可以认定为"过度检查"。因此,患者不能仅以某家医院的检查范围为标准,衡量其他医院的检查行为是否存在过度检查。

64. "医闹"事件中,医院和医务人员的合法权益如何维护?

生活场景

12月8日,一名出生仅两个月的支气管肺炎患儿于上午9时15分到某县人民医院儿科住院治疗,因病情恶化,经抢救无效于16时25分死亡。随后,聚集而来的家属打砸儿科住院部,辱骂、威胁医务人员;拒绝搬运尸体,设置障碍阻止患者就医。9日上午8时,患儿家属找来的一些"医闹"们还在门诊大厅设置了灵堂,燃放鞭炮、拉起标语,打砸、烧毁医院财物,使门诊和住院病人均无法正常就诊,甚至还围攻医院领导及医务工作人员,扰乱了医院的正常秩序,严重影响医院的正常工作,使整个医院处于混乱,几近瘫痪状态。

法律智慧

"医闹"可以被解释为"专门找一些发生医疗纠纷和可能发生医疗事故的人,然后采取扰乱医院就诊秩序的方式向医院索取高额赔偿的群体"。恶性医闹事件频繁发生,患者维权暴力化倾向,严重影响了正常的医疗秩序,加剧了医患之间的不信任。法律介入医疗活动的目的是实现医患双方权利的平衡和利益的协调,并非去解释或者解决本属于医学理论和医疗科学方面的问题。法律既要考虑患者作为医疗活动弱势一方利益的保护,也应考虑到医学行业本身的特点,如医学科学的局限性和医疗行业的高风险性,加强对医疗机构及其医务人员合法权益的保护。《侵权责任法》第六十四条明确规定了干扰医疗秩序,妨害医务人员工作、生活的,应当依法承担法律责任。在上述情形下,肇事者情节轻微者将会受到治安处罚,严重者还可能构成刑事犯罪。

法条链接

《侵权责任法》第六十四条　医疗机构及其医务人员的合法权益受法律保护。干扰医疗秩序，妨害医务人员工作、生活的，应当依法承担法律责任。

律师提示

"医闹"事件的发生有多方面的原因，具体的医疗纠纷只是导火线。医疗服务专业性很强，非经专业训练无从理解，普通患者及其家属缺乏分辨医疗损害原因的能力，而部分医疗机构为维护自身利益需要，最大限度减轻医疗责任，隐瞒部分医疗信息，引起患方对医方的不信任，常常导致矛盾激化。医疗损害案件取证困难，患者宁愿"医闹"也不信任医疗机构鉴定的结果。在现实生活中还出现"职业医闹"，哪里出了患者死亡、伤残的事情，他们就去找家属谈、揽生意，然后纠集一些人去医院闹，闹来赔偿后与家属分成。对于该类事件，医疗机构往往采取息事宁人的态度，赔偿了事，造成医疗纠纷"大闹大解决、小闹小解决"的结果，给医疗单位造成不同程度的负担，甚至出现医生戴着钢盔上班，原本在同一战壕与疾病斗争的医患双方越来越走向对立，最终损害的是广大患者的利益。

解决问题的根本还在于重建医患之间的信任以及患者对医疗纠纷解决机制的信任。因此，一方面，医院需要加强医患沟通，建立畅通便捷的投诉渠道；另一方面，患者或其亲属对医疗机构及其医务人员有意见或纠纷的，应当通过法定渠道寻求解决。如果采取暴力化方式维权，不仅是违反《侵权责任法》《治安管理处罚法》的违法行为，甚至还可能触犯《刑法》，构成刑事犯罪。

第八章　环境污染责任

65. 装修装出污染房,装修公司要承担责任吗?

生活场景

南京市民粟先生因结婚需要,请南京某建筑装饰工程公司对其位于市区的一套 60 平方米的住房进行装修。次年 1 月中旬,粟先生与家人搬进了新房。同年 4 月,粟先生出现头晕、全身乏力的症状,后其母也出现类似症状,于是到医院检查,被诊断为再生障碍性贫血。同年 8 月,经南京市环境检测中心对其居室内空气质量进行检测,结果为甲醛、氨、TVOC(综合指标)含量分别超过 I 类民用建筑工程室内环境污染物限量标准 21 倍、12.6 倍和 3.3 倍。同年 11 月,南京市产品质量监督检验所对粟先生送样的两块细木工板(大芯板)进行监测,结果甲醛释放量的实测数据也超过国家标准。粟先生

你们房子出现污染问题,怎么能怪我们装修公司呢!

认为装修公司在装修过程中,未履行职责,使用劣质材料对其新房进行装修,造成其住房内充斥了大量有害气体而直接导致他和母亲患上血液病,在与装修公司多次协商未果的情况下,粟先生将装修公司诉至法院,要求其承担环境侵权损害赔偿责任。

法律智慧

《环境保护法》第二条将"环境"定义为影响人类社会生存和发展的各种天然的和经过人工改造的自然因素总体。家庭居室内的小环境是组成总体环境的一部分。因此个人家庭居室内"私人化"小环境之污染可以构成法律意义上的环境污染。有了这个前提,因装修公司在装修过程中使用劣质材料导致室内空气污染并由此造成他人损害的行为可以认定为环境污染侵权。

环境污染侵权属于典型的特殊侵权行为,适用无过错责任原则和举证责任倒置。由于粟先生住房装修工程是包工包料的,同时粟先生提交的病历和医学资料初步证明了粟先生患上血液病是住房内空气污染所致。法院认为承担污染损害赔偿责任的法定条件,就是加害人有环境污染的行为,并使他人遭受损失;国家或者地方规定的污染物排放标准,只是环保部门决定污染单位是否需要缴纳超标排污费和进行环境管理的依据,而不是确定加害人是否承担赔偿责任的前提或界限。在装修公司不能举证证明其存在免责事由的情况下,装修公司应当承担环境侵权责任。

另一方面,粟先生一家在新房装修后仅 10 天左右就匆匆入住,没让新房在一段合理期间内通风、通气,粟先生对其自身损害结果的发生也具有一定过错,应当适当减轻装修公司的赔偿责任,由装修公司承担粟先生合理损失总和 90％的赔偿责任为宜。据此,法院判决装修公司拆除全部装修,消除污染,并赔偿原告粟先生医疗费、误工费、护理费等各项损失 50065 元,以及精神损害抚慰金 9000 元。

法条链接

《侵权责任法》第六十五条 因污染环境造成损害的,污染者应当承担侵权责任。

律师提示

本案是江苏省第一起室内装修环境污染损害赔偿案件,当初曾引起社会广泛的关注。法院在判决中首先确认了室内装修污染也可以构成环境侵权案件,同时不强调违法性是环境侵权行为的构成要件,认为污染排放标准只是进行环境管理的工具而不是确定排污单位是否承担赔偿责任的前提,从而使受害人的利益得到了较为周全的保护。在这点上,《侵权责任法》与《民法通则》的规定存在差异。根据《侵权责任法》的规定,环境污染责任是一种无过错责任,只要环境污染者的行为造成损害事实的,就应当承担相应责任。

承担环境污染民事责任的方式有停止侵害、排除妨碍、消除危险、恢复原状、赔偿损失。前三种方式是在侵害行为已经发生但还没有造成危害后果或者避免造成更严重后果的情形下,要求污染者采取措施制止或者排除侵害。上述三种责任方式在环境案件中也被受害者经常主张,是一种更能起到预防作用的有效手段。

66. 环境污染侵权中,污染者的举证责任是什么?

生活场景

浙江省平湖某特种养殖场主要经营美国青蛙的育种及销售,被中国特种经济动植物协会筹委会选为美国青蛙的育种基地。该养殖场自 1994 年 4 月起发现饲养的青蛙蝌蚪陆续死亡,原来该养殖场上游约六千米处有嘉兴市步云染化厂、嘉兴市步云染料厂、嘉兴市步云化工厂、嘉兴市向阳化工厂、嘉兴市高联丝绸印染厂5家主要生产染料中间体及丝绸、化纤印染的企业。该养殖场正好处在污染区域内,当年9—10月间青蛙蝌蚪绝大部分死亡,直接经济损失231408.96元。养殖场认为青蛙蝌蚪死亡是由于5家企业的水污染造成的,于是将其诉至法院,请求5被告赔偿养殖场经济损失48.3万元,并排除污染危害,停止侵权。

1997年7月27日一审判决,认为5被告在生产过程中所产生的废水严重超标,并直排或渗入河道污染水域,以致原告所饲养的青蛙蝌蚪死亡,造成经济损失均是事实。但现有证据不能证实青蛙蝌蚪即死于水污染,故无法确定原告损害事实与被告污染环境行为之间存在必然的因果关系。据此,驳回原告的诉讼请求。养殖场不服,走上了漫漫申诉路,一直到2009年4月最高人民法院撤销浙江省高级人民法院、嘉兴市中级人民法院、平湖市人民法院的判决,判令5被告各赔偿养殖场损失96600元及利息(利息自养殖场一审起诉之日起至清偿之日止,按照中国人民银行同期贷款利率计算),5被告对上述债务承担连带清偿责任。至此,这件"蝌蚪案"才最终尘埃落定。

法律智慧

本案涉及环境污染侵权的举证规则。由于环境污染行为的复杂性、渐进性和多因性,再加上损害的潜伏性和广泛性,其因果关系的证明比普通侵权行为更加复杂。《侵权责任法》和《最高人民法院关于民事诉讼证据的若干规定》明确,由环境污染引起的损害赔偿诉讼,由污染者就法律规定的不承担责任或者减轻责任的情形及其行为与损害之间不存在因果关系承担举证责任,即实行环境污染侵权因果关系的举证责任倒置。受害人只要证明污染者有污染行为、造成损害以及行为与损害的初步联系即可,而污染者必须提出反证,证明其行为与损害之间没有因果关系,才能不承担责任。

可见,"蝌蚪案"的因果关系举证责任应由 5 家企业承担。位于上游的 5 家企业污染了水源,同时段,下游约 6 千米的养殖场发生了饲养物大批非正常死亡的后果,上述 5 家企业又没有足够的证据否定其污染行为与损害后果之间的因果关系,作为加害人,应当向养殖场承担侵权损害赔偿责任。

法条链接

《侵权责任法》第六十六条　因污染环境发生纠纷,污染者应当就法律规定的不承担责任或者减轻责任的情形及其行为与损害之间不存在因果关系承担举证责任。

《最高人民法院关于民事诉讼证据的若干规定》第四条　下列侵权诉讼,按照以下规定承担举证责任:……(三)因环境污染引起的损害赔偿诉讼,由加害人就法律规定的免责事由及其行为与损害结果之间不存在因果关系承担举证责任……有关法律对侵权诉讼的举证责任有特殊规定的,从其规定。

律师提示

这场经历了 15 年的马拉松官司,从基层法院打到了最高人民法院,三级检察机关抗诉,穷尽了司法救济。最高人民法院最终维护了相对处于弱势的受害人的合法权益,体现了保护公众环境利益的环境立法精神。《侵权责任法》第六十六条更是进一步明确了污染者的举证责任。

需注意,环境侵权中不承担责任或减轻责任的情形是由法律直接规定的。依据《侵权责任法》《环境保护法》《水污染防治法》《大气污染防治法》《海洋环境保护法》等相关法律规定,环境污染不承担责任或减轻责任的情形主要有不可抗力、受害人故意和受害人重大过失。值得一提的是,《侵权责任法》及《水污染防治法》未将第三人过错作为污染者的免责事由。

67. 两个以上污染者造成损害时,责任如何分担?

生活场景

2009 年 3—4 月,某县渔民水塘里养殖的鱼虾出现集体死亡,经济损失达 200 余万元。同年 7 月,受害渔民将水塘上游仅有的两家污水排放企业告上法庭。甲企业拿出自己工厂排污口多年来的即时监测数据,声称其排放的废水中虽然含有少量污染物,但是符合国家排放标准,是合法排放,因此不应承担责任。乙企业虽然被检测出部分污水指标超标,但也拿出了产品进料、用水量等证据,主张其排放的污水虽然小幅超标,但是排放量较小,依据多次检测的数据所得出的结论证明其排放的污染物总量甚至比甲企业还要少。

经查明,该水塘原系当地清水河上游支流的一部分,自 2008 年 11 月起由于来水量减少,造成断流,继而在河道部分地区形成水塘。两家企业排放的废水在进入水塘后产生蓄积效应,经过蒸发,污水浓缩导致超标加剧。经过检测,该水体含有大量硫化物、氰化物等污染物,多项指标均超出了国家标准的数十倍,有些指标甚至超标数百倍。在分析相关污染物的种类和排放量后,法院认为,自河流断流以来,两企业所排放的污水均蓄积在该水塘中,任一企业蓄积在水塘中的污染物在渗漏进养殖水域后均足以造成鱼虾集体死亡,因此判决两企业向渔民共同赔偿 206 万元。

法律智慧

本案为环境共同侵权案件。首先,存在两个或两个以上的污染者;其次,污染者之间没有意思联络;再次,数个污染行为与渔民的损害有总体上的因果关系;最后,造成了同一损害。《侵权责任法》第六十七条规定了两个以上污染者造成损害的,划分责任大小的主要依据是污染者的行为在导致损害结果中所占的原因力比例,通过考虑污染物的种类、排放量等因素确定各自应当承担的责任。

这里特别需要注意的是,法院在本案审理中认为两个被告中任一企业蓄积在水塘中的污染物在渗漏进养殖水域后均足以造成鱼虾集体死亡,只是由于偶然原因导致了同一损害后果,判令两个污染者承担连带责任。《侵权责任法》第六十七条则不再区分每个行为是否可以独立造成损害,而是统一规定污染者按照自己责任的大小比例承担按份责任,污染者之间不存在内部求偿关系。

法条链接

《侵权责任法》第六十七条　两个以上污染者污染环境,污染者承担责任的大小,根据污染物的种类、排放量等因素确定。

律师提示

在环境损害侵权纠纷中,人们需要注意:

(1)环境污染责任适用无过错责任原则,并不以行为违法为前提,因此甲企业提出的"合法排放"不应承担责任的理由不能成立。

(2)环境污染损害实行因果关系举证责任倒置,受害者只需证明损害与污染行为有初步联系,接下来要由污染者就其污染行为与损害后果之间没有因果关系承担证明责任。

(3)两个以上污染者共同侵权承担按份责任,如果无法确定责任大小的,可以按照《侵权责任法》第十二条的规定,由污染者平均承担责任。

(4)因环境污染损害赔偿提起诉讼的时效期间为3年,从当事人知道或者应当知道受到污染损害起时计算。也就是说,环境污受害人应当在知道或应当知道自己受到损害时起 3 年内向人民法院起诉。这一时间比两年的一般诉讼时效期间长。这也是考虑到环境污染损害潜伏期较长、不易察觉的特点,有利于加大对受害人的保护力度。

68. 第三人过错造成环境污染损害的,受害人应当向谁请求赔偿?

生活场景

5 月,美华制革有限公司在其厂房围墙外挖了一条沟渠,将生产过程中产生的污水通过该沟渠排放进附近的河道里。沟渠旁边是一片农田。张大叔承包的鱼塘就挨着这片农田。次年春天,农户赵某为引水灌溉农田,就将这条沟渠挖开了,结果里面看似干净的污水大量流入张大叔的鱼塘,里面的鱼陆续翻了白肚。张大叔找到了制革公司要求赔偿,但对方说他们的污水是通过专用的沟渠排放的,是别人挖开了沟渠才导致张大叔的鱼塘污染,其不应承担责任。张大叔只好去找赵某,但赵某声称污水是制革公司排放的,不该找到他头上。

啊!我的鱼!!

法律智慧

　　本案涉及第三人过错造成的环境污染责任的承担。《侵权责任法》第六十八条规定,因第三人的过错污染环境造成损害的,被侵权人可以向污染者请求赔偿,也可以向第三人请求赔偿。污染者赔偿后,有权向第三人追偿。因此,张大爷可以向污染者也就是美华制革有限公司请求赔偿,也可以向有过错的第三人赵某请求赔偿。如果美华制革有限公司承担了赔偿责任,有权向赵某追偿。

法条链接

　　《侵权责任法》第六十八条　因第三人的过错污染环境造成损害的,被侵权人可以向污染者请求赔偿,也可以向第三人请求赔偿。污染者赔偿后,有权向第三人追偿。

律师提示

　　一般情况下,污染者的赔偿能力比第三人强,肯定受害人享有向污染者请求赔偿的权利,目的在于保护受害人。同时也赋予污染者对有过错的第三人追偿的权利,从而实现各种利益的平衡。当然,在第三人未查明或者已经失踪时,污染者仍然要承担无过错责任。

　　另外,如果受害者选择向污染者主张赔偿,在法院判令污染者承担赔偿责任之后,污染者由于经营不善而无赔偿能力的,受害者可以继续向第三人主张赔偿。

第九章 高度危险责任

69. 采石场作业伤人,赔偿责任谁来承担?

生活场景

2003年2月16日18时左右,游老师乘坐从海口开往昆明的中巴车,途经昆畹公路普坪村路段。其间,位于该路段附近普坪庙山的兴达石场正实施爆破作业,因爆炸飞出的一块20千克左右的石块将游老师乘坐的中巴车顶砸穿后,掉落到游老师腿上,将其双腿砸伤。后游老师被鉴定为五级伤残。

经查,王某是采石场承办人,直接从事爆炸作业。保安服务中心下属西山区民爆大队,不仅监督爆破作业的实施,而且决定炸药的数量,实施了炸药的装填工作,实际参与了当日的爆炸作业,故其也是当时爆炸作业的实施人。李某为兴达石场的采矿权人,是该采石场的合法开采人,王某使用李某取得的采矿权进行开采,故李某是法律上从事爆炸作业的作业人。于是,游老师将三者均告上法院。

法院经审理认为,三被告均为"从事高度危险作业人",其从事的爆破作业造成了原告的损害,且李某、王某、西山区民爆大队并未主张及举证证明原告的损害是由其故意造成,因此三被告对原告构成共同侵权,依法应当承担连带责任。其中,因西山区民爆大队非独立法人,其隶属于保安服务中心,不具有独立承担民事责任的能力,故其民事责任应当由被告保安服务中心承担。判决被告西山区保安服务中心、李某、王某连带赔偿原告医疗费、误工费、营养费、住院伙食补助费、护理费、残疾赔偿金、残疾辅助器具费、交通费、残肢火化费、事故财产损失费、鉴定费、律师费及精神损害抚慰金等费用共计36万余元。

法律智慧

采石场作业属于高度危险作业。根据我国《民法通则》第一百二十三条的规定,高度危险作业是指高空、高压、易燃、易爆、剧毒、放射性、高速运输工具等对周围环境有高度危险的活动。需指出的是,该条列举的上述七种高度危险作业,是一种不完全列举,在现实生活中符合"对周围环境有高度危险"性质的其他生产活动,也应属于高度危险作业的范围。

《侵权责任法》第六十九条确立了高度危险作业侵权责任的一般条款。高度危险作业致人损害适用无过错责任原则,即受害人无须举证证明加害人主观上有过错,只要因高度危险作业受到损害,便可要求加害人承担侵权责任。高度危险作业致人损害责任须符合三个构成要件:(1)加害人从事对周围环境有高度危险的作业。这种作业是一种合法行为,至少是不为法律所禁止的行为。本案中,采石场作业本身是合法的,且该作业具有高度危险性。(2)高度危险作业造成了损害。本案中,游老师确实受到了人身、财产的严重损害。(3)高度危险作业与损害之间存在因果关系。可见,作为采石场作业人,三被告的行为构成高度危险作业侵权责任。此外,受害人游老师对自己损害的发生不存在故意情形,当时也无不可抗力事件的发生。三被告的高度危险作业致害责任不存在免责事由。

法条链接

《侵权责任法》第六十九条　从事高度危险作业造成他人损害的,应当承担侵权责任。

《民法通则》第一百二十三条　从事高空、高压、易燃、易爆、剧毒、放射性、高速运输工具等对周围环境有高度危险的作业造成他人损害的,应当承担民事责任;如果能够证明损害是由受害人故意造成的,不承担民事责任。

律师提示

高度危险作业对周围环境具有潜在威胁。《侵权责任法》对高度危险作业设定了较为严格的归责原则。这就要求高度危险作业人积极采取有效措施防止各种生产事故的发生,避免造成他人人身、财产损害。当然,高度危险作业者可以通过投保第三者责任险的方式,以经济手段分散自己的风险。从受害人的角度看,高度危险责任并不要求受害人证明作业人具有过错,而只需证明高度危险作业造成损害即可。事实上,受害人要想证明作业人具有过错也是非常困难的。

70. 核电站发生事故,谁来承担侵权责任?

生活场景

据 2008 年 7 月 25 日新华网报道,法国南部特里卡斯坦于 7 月 23 日发生一起核辐射事件,100 名公司员工遭到"轻微辐射"。这是法国几周来发生的第四起核电站事故,也是 5 天来发生的第二起事故。法国电力公司发言人卡罗琳·米勒说,特里卡斯坦一座核电站内的 4 号核反应堆管道发生泄漏,流出的放射性物质致使 100 名员工遭受辐射。当时,这座反应堆已被关闭,正被重新注入燃料。米勒说,员工遭受辐射的程度只有规定限度的四十分之一,眼下已经回家,但还会接受进一步检测。"让我们担心的不是辐射的程度,而是遭受辐射员工的人数。"米勒说,专家正在对事故原因展开调查。7 月 18 日,法国另一处核电站的 15 名工人在实施日常维护工作时遭到放射性辐射污染。法国是核能利用大国,现有 59 座核电站,所产电力占法国电力总产能的近 80％。不过,接连发生的核电站事故也引起社会对核安全的质疑。

法律智慧

民用核设施是指经国家有关部门批准,为和平目的而建立的非军用的核设施,例如核电站。我国《侵权责任法》第七十条规定了民用核设施致人损害的侵权责任。承担侵权责任的主体是该民用核设施的经营者。国务院《关于核事故损害赔偿责任问题的批复》将民用核设施的经营者解释为"中华人民共和国境内,依法取得法人资格,营运核电站、民用研究堆、民用工程实验反应堆的单位或者从事民用核燃料生产、运输和乏燃料贮存、运输、后处理且拥有核设施的单位"。

民用核设施致害的责任适用无过错责任原则。发生这类事故时,不考虑核设施的经营者是否有过错,都应当承担侵权责任。但是,武装冲突、敌对行动、战争或者暴乱所引起的核事故造成的损害,经营者不承担责任;核事故造成的损害是由受害人故意造成的,民用核设施的经营者也不承担责任。

　　《侵权责任法》第七十条　民用核设施发生核事故造成他人损害的,民用核设施的经营者应当承担侵权责任,但能够证明损害是因战争等情形或者受害人故意造成的,不承担责任。

律师提示

　　核能的民用化利用在为人类生活带来巨大便利的同时也具有高度的风险性,一旦发生核泄漏将给环境、人身健康和财产带来不可逆转的、极为严重和深远的影响。如果民用核设施发生核事故造成他人损害的,民用核设施的经营者要承担侵权责任。

71. 因飞机飞行遭受损害的,向谁索赔?

生活场景

　　张某是沈阳市下辖新民市大民屯镇的一名养鸡专业户。1997 年 6 月,他购进了 1.2 万只肉食鸡雏。7 月 29 日,在新民市农业技术推广中心的组织、协调下,沈阳市苏家屯区农用航空站使用 B3875 型飞机为新民市大民屯镇大南岗村和西章士台村进行农作物病虫害防治飞行作业。在飞行中,飞机超低空飞临张某的鸡舍上空前后共三次。由于飞机超低空飞行产生的强烈噪音,造成张某饲养的 7500 只肉食鸡陆续死亡 1021 只,未死

亡的肉食鸡生长缓慢,张某因此遭受经济损失9万多元。同年底,张某向法院提起诉讼。不过因遗漏了当事人以及经过一审、二审和法庭调查,造成诉讼审理的期限长达数年,直到2004年底法院才作出终审判决。

法院认为,被告苏家屯区农用航空站在执行此次飞防任务中,只是根据另一被告新民市农业技术推广中心提供的经纬图进行飞行。作为专业飞行机构,没有按照《中国民用航空飞行规则》的相关规定,要求新民市农业技术推广中心"超低空飞行应当避开鱼塘、鸡舍等特殊建筑物",应承担35%的赔偿责任。新民市农业技术推广中心未尽到提示义务,也应负35%的赔偿责任。此外,大南岗村和西章士台村派出的领航员领航不当,这两个村应该分别承担20%和10%的责任。法院终审判定上述四家被告按比例赔偿原告张某的经济损失总计9万余元。

法律智慧

本次飞行作业使用的是农用飞机,属于民用航空器的一种。民用航空器是指除用于执行军事、海关、警察飞行任务外的航空器。《侵权责任法》第七十一条规定民用航空器造成他人损害的,由航空器的经营者承担侵权责任。由于航空飞行作业专业性强、技术性高,受害人要证明加害人主观上有过错往往是极费成本的,有时甚至是不可能的。因此民用航空器致人损害的侵权责任适用无过错责任原则。苏家屯区农用航空站作为作业飞机的所有人和经营者,应当承担侵权责任。

至于新民市农业技术推广中心和两个村子是否要承担责任的决定因素在于其对损害的发生是否有过错。本案中,该中心未能尽到提示义务;两村的干部负责领航,应当知道飞机低空作业会危及村民的财产安全,在领航时却未能使飞机绕行,导致损害结果发生,也存在过错,因此应承担相应的法律责任。此外,民用航空器致害责任的免责事由为受害人故意。本案中,张某对自己所遭受的经济损失毫无过错。

　　《侵权责任法》第七十一条　民用航空器造成他人损害的,民用航空器的经营者应当承担侵权责任,但能够证明损害是因受害人故意造成的,不承担责任。

律师提示

　　由于航空运输具有特殊性,飞机一旦发生事故常常会造成较大规模的人员伤亡和巨大的财产损失,并造成很大的社会影响甚至政治影响。如果遭遇民用航空器侵权,人们可以从中国民用航空局获得民用航空器经营者的相关信息。因为根据《民用航空法》、《民用航空器权利登记条例》的有关规定,民用航空器的所有权人和占有权人都应当向中国民用航空局登记。

72. 加油站爆炸致人伤亡的,石化公司是否要承担赔偿责任?

生活场景

　　某日上午7时51分,某石化公司在对其租赁经营的浦三路油气加注站进行停业检修时,液化石油气储罐发生爆炸。"碎石雨"伴随着爆炸散落在方圆半公里的马路和居民区内,造成2名加油站工人和2名路人死亡,另有20多人受伤,周围部分建筑物受损,直接经济损失960万元。后经调查这是一起因施工作业人员违章作业、工程项目管理混乱引发的严重的生产安全责任事故。

法律智慧

《侵权责任法》第七十二条规定了占有、使用高度危险物致人损害的侵权责任,其责任主体是高度危险物的占有人或使用人。占有或使用高度危险物致害侵权责任适用无过错责任原则。本案中,石化公司为了检修其加油站对气储罐进行了作业并由此导致爆炸,造成 4 人死亡、多人受伤及巨大经济损失的严重后果。两者间存在因果关系,这可以从事故调查相关证据中得出。因此,石化公司构成占有、使用高度危险品致害的侵权责任。其免责事由只能是受害人的故意或不可抗力。本事故中,受害人并无故意,也不存在不可抗力事件,因此石化公司需要承担赔偿责任。

此外,被侵权人的重大过失仅可作为减轻侵权人责任的事由。这意味着被侵权人对损害的发生具有一般过失的,不能减轻侵权人责任。

法条链接

《侵权责任法》第七十二条 占有或者使用易燃、易爆、剧毒、放射性等高度危险物造成他人损害的,占有人或者使用人应当承担侵权责任,但能够证明损害是因受害人故意或者不可抗力造成的,不承担责任。被侵权人对损害的发生有重大过失的,可以减轻占有人或者使用人的责任。

律师提示

近年来,因烟花爆竹爆炸、矿山瓦斯爆炸、危险化学品泄露等高度危险物致人伤亡的重大事故时有发生,有必要对高度危险品致人损害责任单独作出规定。对易燃、易爆、剧毒、放射性物品的认定,一般根据国家颁布的三个标准:GB6944—2005《危险货物分类和品名编号》、GB12268—90《危险货物品名表》、GB13690—92《常用危险化学品分类及标志》。我们在日常生活中使用液化气、煤气做饭,节庆日燃放烟花爆竹时,务必严格按照相关操作规程进行,以免造成自己或他人人身、财产损害。

73. "铁路撞人",撞了白撞吗?

生活场景

2009 年 1 月 25 日下午,张某夫妇年仅 4 岁的女儿在浙江温州某村铁路边被浙江金温铁道开发有限公司经营的 5108 次列车撞飞至铁道边草丛中,经医治无效身亡。张某夫妇认为铁路穿村而过,邻近该村房屋,却未设立有效的隔离栏杆等防护措施;出事路段沿线也未设置警示标志,未尽到经常性巡查和维护、排除安全隐患义务,造成其女儿死亡的严重后果,遂将金温铁道公司告上法庭,要求被告赔偿各项费用合计 659624 元。被告则辩称事故的发生是受害人在铁路沿线行走引起,其已尽到安全防护义务,根据《铁路法》及相关法规,对本案事故不承担赔偿责任。

一审法院认为,受害人是无民事行为能力人,其监护人没有尽到法定监护义务使其进入危险区域是导致事故发生的主要原因。被告未在铁路周围设置安全防护措施,未积极采取措施排除安全隐患,存在一定过错;根据双方当事人的过错程度,原告应承担 80% 的责任,被告应承担 20% 的责任,判令被告赔偿原告各项费用合计 121924.80 元。

双方当事人对一审判决均提出上诉。二审法院认为受害人是无民事行为能力人,监护人未尽到法定监护义务导致受害人脱离监管,在铁路沿线行走而处于危险境况,存在过错,应减轻金温铁道公司的赔偿责任。最终确定金温铁道公司承担 70% 的赔偿责任,并变更判决金温铁道公司赔偿张某夫妇医疗费、死亡赔偿金、丧葬费、精神抚慰金合计人民币 179410.80 元。

法律智慧

　　本案涉及铁路交通事故侵权行为的归责原则。《侵权责任法》第七十三条规定了高空、高压、地下挖掘活动或者使用高速轨道运输工具的侵权责任。上述高度危险活动的特殊侵权责任适用无过错责任原则。结合本案，首先明确"因铁路行车事故及其他铁路运营事故造成人身伤亡的，铁路运输企业应当承担赔偿责任"。接下来需要考虑的是抗辩事由。

　　抗辩事由是指被告针对原告的诉讼请求而提出的证明原告的诉讼请求不成立或不完全成立的事实。在侵权行为法中，抗辩事由是针对承担民事责任的请求而提出来的，所以又称免责或减轻责任的事由。免责事由具有法定性。根据《铁路法》第五十八条规定，铁路运输因不可抗力或者受害人自身原因造成人身伤亡的，铁路运输企业不承担赔偿责任。但一审、二审法院判决未囿于该"铁规"，均判定铁路运输企业应承担责任，二审法院还适用了最新的司法解释。该司法解释第八条规定铁路运输造成无民事行为能力或限制民事行为能力人人身损害的，铁路运输企业应承担赔偿责任，即使监护人或限制民事行为能力受害人有过错的，也须按照规定比例承担责任，最大限度地保护了未成年受害人的权益，体现了我国法律体恤民生的立法精神。法院依此判定被告承担 70％ 的赔偿责任，实现了一定突破。

法条链接

　　《侵权责任法》第七十三条　从事高空、高压、地下挖掘活动或者使用高速轨道运输工具造成他人损害的，经营者应当承担侵权责任，但能够证明损害是因受害人故意或者不可抗力造成的，不承担责任。被侵权人对损害的发生有过失的，可以减轻经营者的责任。

《关于审理铁路运输人身损害赔偿纠纷案件适用法律若干问题的解释》第五条 铁路运输中发生人身损害,铁路运输企业举证证明有下列情形之一的,不承担赔偿责任:

(一)不可抗力造成的;

(二)受害人故意以卧轨、碰撞等方式造成的。

《关于审理铁路运输人身损害赔偿纠纷案件适用法律若干问题的解释》第八条 铁路运输造成无民事行为能力人人身损害的,铁路运输企业应当承担赔偿责任;监护人有过错的,按照过错程度减轻铁路运输企业的赔偿责任,但铁路运输企业承担的赔偿责任应当不低于全部损失的百分之五十。

铁路运输造成限制民事行为能力人人身损害的,铁路运输企业应当承担赔偿责任;监护人及受害人自身有过错的,按照过错程度减轻铁路运输企业的赔偿责任,但铁路运输企业承担的赔偿责任应当不低于全部损失的百分之四十。

律师提示

从 2010 年 3 月 16 日《关于审理铁路运输人身损害赔偿纠纷案件适用法律若干问题的解释》正式施行到该案终审判决的作出只相隔一月,因此引起了社会的极大关注和讨论。该判决突破了所谓的"铁路撞人,撞了白撞"的"铁规",也体现了对未成年受害人的倾向性保护。

《侵权责任法》第七十三条规定的高速轨道运输工具包括地铁、城市轻轨列车、磁悬浮列车及火车等。依据《铁路旅客运输损害赔偿规定》,铁路运输企业依照本规定应当承担赔偿责任的,对每名旅客人身伤亡的赔偿责任限额为人民币 4 万元,自带行李损失的赔偿责任限额为人民币 800 元。铁路运输企业依照本规定给付赔偿金,不影响旅客按照国家有关铁路旅客意外伤害强制保险规定获取保险金。可见,在铁路运输中,乘客受到伤害除了可以依法获得保险金外,还能获得铁路运输企业的损害赔偿金,两者的赔付并不冲突。

如果铁路事故造成第三人损害的,损害赔偿额应为全额赔偿,因为第三人无法预见此种危险,也不能像乘客一样可以通过铁路旅客意外伤害保险或损害赔偿金来减轻此种损害。

需要补充的是,本条规定的"高空"主要是指距离高度基准面2米及其以上,有可能坠落的高处。高空作业造成作业中的工人的人身伤害,此种情况属于工伤事故,一般应当按照工伤事故的规定处理,但是受害人直接根据高空作业致害责任要求赔偿也是合理的。另一种是高空作业造成他人的损害,组织作业的人应当承担民事责任。"高压"则属于工业生产意义上的高压,包括高压电、高压容器等。

74. 捡到雷管被炸伤,谁来承担赔偿责任?

生活场景

4月2日17时左右,防城港市管口区某小学五年级学生小明放学后在家门前的一堆石渣废料中捡到一个有两极接线的雷管,但他并不知道这个是电雷管。小明将雷管拿回家后,在雷管两极接上两节5号电池做"试验",结果电雷管当场爆炸。其父发现后,将小明紧急送往医院。经诊断,小明的双手、面部、胸部多处被电雷管爆炸时飞出的铜片击伤,其中左眼被异物侵入伤害了神经,是否会失明有待进一步留院观察。出事以后,小明父亲就向派出所报案,但是多日过去了仍没有查清电雷管的来源。小明至今还躺在医院,由于伤口发炎,并引发头疼等症状,状况堪忧。

经调查,证实那堆石料属于小明家的房东。该房东表示,这堆石料是从当地的长龙凹石厂拉来的,当时他也没有想到这一堆石料里面有雷管。据值班民警介绍,炸伤小明的雷管很有可能是石厂没有引爆留下来的。长龙凹石厂面积非常大,防城港市绝大多数石料都来自这家石厂,因此要想查清雷管具体源于石厂的哪个工地是非常困难的。

法律智慧

本案涉及遗失、抛弃高度危险物致人损害的赔偿责任问题。雷管是高度危险物,属于严格管制物品的范围。《侵权责任法》第七十四条规定,遗失、抛弃高度危险物造成他人损害的,由所有人承担侵权责任。所有人将高度危险物交由他人管理的,由管理人承担侵权责任。如果经调查认定雷管的所有人,则其应对小明的损失承担赔偿责任。由于房东李某只是从石厂拉回石料做他用,其对石料里面有雷管并不知情,李某不是电雷管的管理人,更不是电雷管的所有人,所以李某不承担责任。

法条链接 ··

　　《侵权责任法》第七十四条　遗失、抛弃高度危险物造成他人损害的,由所有人承担侵权责任。所有人将高度危险物交由他人管理的,由管理人承担侵权责任;所有人有过错的,与管理人承担连带责任。

律师提示

保有高度危险物需要专门的设施和操作技术,须符合严格的操作规范和标准。有时所有人选择将高度危险物交付专门的管理人进行管理。此类专门管理人,无论是在技术、人力,还是资金方面,都有独特优势。因此,在所有人将高度危险物交由他人管理的情形下,由管理人承担侵权责任,是符合利益均衡原则的,也有利于促使其积极履行业务上的注意义务,防止危险的发生。但是,在此情形下,所有人并非完全免责,如其有过错,应与管理人承担连带责任。"所有人有过错",是指所有人选任不能履行危险物管理职责或不具备此类资质的机构作为管理人,或所有人明知管理人的行为违反法定操作规范而不纠正等。

75. 非法占有高度危险物致人损害的,受害人可以向谁索赔?

生活场景

某日 17 时左右,某物业公司聘请的保安人员尹某在小区巡逻时捡到一瓶绿色的醒目牌"饮料",一看没人注意就"顺手牵羊"了。他回到办公室后,把"饮料"倒在同事刘某的杯中。5 点 45 分,不知情的刘某拿起杯子喝了一口,顿感胃部剧烈疼痛,被同事紧急送往医院住院治疗 13 天,用去医疗费、车船费等各类费用共计 2.5 万元。事后查明,尹某拿的饮料内含有盐酸和微量硫酸成分,导致刘某食管和胃黏膜化学灼伤。4 月 5 日,经法医鉴定刘某构成轻伤,住院期间,该物业公司垫付医疗费 7700 元,对余下费用,刘某向尹某和物业公司索要时遭到拒绝。法院受理该案后,认真梳理分析纠纷成因,辨法析理,分清责任,因势利导做当事人思想工作,最终由尹某赔偿刘某1.4 万元,纠纷得以圆满化解。

法律智慧

本案涉及非法占有高度危险物致人损害的侵权责任问题。高度危险物被非法占有时造成他人损害的,由该非法占有人承担侵权责任。尹某作为高度危险物的非法占有人,将含有盐酸和微量硫酸成分的液体倒入刘某杯中致使刘某受伤,应承担侵权责任。

"非法占有"应理解为恶意占有,包括暴力占有,如通过抢劫、抢夺的行为取得;隐秘占有,如窃取;和平占有也存在恶意占有的可能,如拾得遗失物、发现埋藏物等,并不存在相信自己是所有人而进行占有的问题。如果是暴力方式取得,原主人没有过错,无须承担责任。如果是隐秘占有,原主人尽到一定管理义务,盗窃人将很难得逞。因此,在高度危险物被他人窃取造成损害时,原主人需证明自己尽到高度注意义务,否则,仍须与非法占有人承担连带责任。

《侵权责任法》第七十五条　非法占有高度危险物造成他人损害的,由非法占有人承担侵权责任。所有人、管理人不能证明对防止他人非法占有尽到高度注意义务的,与非法占有人承担连带责任。

律师提示

《侵权责任法》为高度危险物的所有人、管理人设定了高度注意义务,目的在于促使高度危险物的所有人、管理人严格按照我国的有关规定生产、储存、运输、使用高度危险物。对受害人而言,在索赔时可将非法占有人和合法所有人或管理人作为共同被告,要求其承担连带责任,以最大限度地维护自己的权利。

76. 行人擅入高速公路候车要自担风险吗?

生活场景

4月的一天,陈某携女儿为搭车回老家,从沪宁高速公路一侧的隔离栅缺口处走上沪宁高速公路候车,不幸与他人驾驶的轿车相撞,造成陈某及其女儿当场死亡的惨剧。陈某的家人认为高速公路管理公司作为沪宁高速公路投资经营、维护管理方,负有对高速公路两边实行全封闭管理的义务,对隔离栅的不完备及安全隐患,应及时履行法定义务予以消除。于是,陈某的家人一纸诉状将高速公路管理公司告上法庭,要求其承担20%的赔偿责任。

高速公路管理公司则认为行人依法不能进入高速公路,管理公司也没有绝对的防止行人进入高速公路的义务,其已经履行了正常

的巡查管理职责,并提交了养护施工任务单及维修保养工程实施日记录单等证据来证明自己已经尽到了应有的维护义务,提出此次交通事故完全是因为陈某擅自上高速公路导致的,交警大队也已经认定陈某负事故的全部责任。因此,高速公路管理公司要求法院驳回原告的全部诉讼请求。

法律智慧

陈某及其女儿未经许可进入高度危险区域导致损害结果的发生,高速公路管理公司承担责任与否或承担责任的大小取决于其是否采取安全措施并尽到了警示义务。因为当管理人已经采取安全措施并尽到警示义务时,受害人未经许可进入高度危险区域,无论受害人主观目的是什么,其侵入行为说明受害人没有对自身事务尽到最起码的注意义务,如果要求管理人仍对此负侵权责任,不仅会极大压缩此类行业的发展空间,也有违公平。

本案中,由于被告提供的证据能够证明其尽到了巡查、维护的义务,并不存在原告诉称的过错。原告认为被告应负有的"对高速公路两边实行全封闭管理的义务"并没有事实和法律依据,被告在高速公路两旁建设相应的隔离设施只能在应有的功能范围内起到防护、隔离的作用,并不具备阻止行人擅自进入高速公路的功能,不能苛求其

198

负有绝对的阻止行人进入高速公路的义务。因此,法院最终判决驳回了原告的诉讼请求。

法条链接

《侵权责任法》第七十六条　未经许可进入高度危险活动区域或者高度危险物存放区域受到损害,管理人已经采取安全措施并尽到警示义务的,可以减轻或者不承担责任。

律师提示

为避免因损害他人而承担侵权责任,高度危险区域或者高度危险物存放区域的管理人应当对该区域采取安全措施予以隔离,如将危险物存放于封闭区域,在危险区域与安全区域设置隔离围墙或护栏,并配备专门值班人员看守,建立出入检查和登记制度,防止他人进入危险区域。同时,在危险区域周围显眼处悬挂"危险! 严禁进入!"、"放射性物质"等警示标志,提醒他人注意安全。只有这样,在他人擅自进入该区域并遭受损害时,管理人才能据此免除或减轻责任。另一方面,受害人如果不慎进入了危险区域并遭受损害,则可以从管理制度不完善、采取的安全措施不到位、未设置明显的警示标志等方面证明管理人存在过错,从而要求其承担全部或部分责任。

77. 乘客因飞机失事遇难,航空公司的赔偿责任限额是如何规定的?

生活场景

2010 年 8 月 24 日 22 时 10 分左右,一架载有 91 名乘客和 5 名机组人员的支线客机从哈尔滨飞往伊春机场降落时坠毁,机上 42 人遇难,54人受伤。河南航空有限公司于8月30日公布了"8·24"飞机坠毁事故遇难旅客赔偿标准,每位遇难旅客赔偿总额为96万元。依据2006年中国民用航空总局令第164号《国内航空运输承运人赔偿责任限额规定》,国内民用航空运输旅客伤亡赔偿最高限额为40万元人民币,每名旅客随身携带物品的最高赔偿限额为3000元人民币,旅客托运的行李最高赔偿限额为2000元人民币,共计40.5万元人民币。同时,考虑到2006年以来全国城镇居民人均可支配收入的累计增长幅度,赔偿限额调增至59.23万元;再加上为遇难旅客亲属作出的生活费补贴和抚慰金等赔偿,航空公司对"8·24"飞机坠毁事故每位遇难旅客的赔偿标准总共为96万元人民币。

法律智慧

空难事故致害责任是典型的民用航空器致人损害的侵权责任。对于乘客所受的人身损害虽然适用无过错责任原则,但此种赔偿是有最高限额的。赔偿责任限额是指根据法律规定,对责任人的最高赔偿额度作出限制的法律制度。关于旅客人身伤亡责任,我国区分了国内航空运输和国际航空运输。就国内航空运输而言,中国民航总局2006年发布的《国内航空运输承运人赔偿责任限额规定》将赔偿责任限额提高到人民币40万元。至于国际航空运输中的旅客伤亡,每名旅客的赔偿责任限额为16600个计算单位(特别提款权)。该数额尽管已较国内运输有了很大提高,但仍然低于《华沙公约》确定的100000特别提款权。在民用航空器致害责任中,对旅客的责任往往会通过航空意外伤害险得到分散。

此处"计算单位",也称特别提款权(SDR),是国际货币基金组织创设的一种储备资产和记账单位。1 USD=SDR 0.617411(2011年4月29日)。

法条链接

《侵权责任法》第七十七条　承担高度危险责任,法律规定赔偿限额的,依照其规定。

《民用航空法》第一百二十九条　国际航空运输承运人的赔偿责任限额按照下列规定执行:

(一)对每名旅客的赔偿责任限额为 16600 计算单位;但是,旅客可以同承运人书面约定高于本项规定的赔偿责任限额。

(二)对托运行李或者货物的赔偿责任限额,每公斤为 17 计算单位。旅客或者托运人在交运托运行李或者货物时,特别声明在目的地点交付时的利益,并在必要时支付附加费的,除承运人证明旅客或者托运人声明的金额高于托运行李或者货物在目的地点交付时的实际利益外,承运人应当在声明金额范围内承担责任。

托运行李或者货物的一部分或者托运行李、货物中的任何物件毁灭、遗失、损坏或者延误的,用以确定承运人赔偿责任限额的重量,仅为该一包件或者数包件的总重量;但是,因托运行李或者货物的一部分或者托运行李、货物中的任何物件的毁灭、遗失、损坏或者延误,影响同一份行李票或者同一份航空货运单所列其他包件价值的,确定承运人的赔偿责任限额时,此种包件的总重量也应当考虑在内。

(三)对每名旅客随身携带的物品的赔偿责任限额为 332 计算单位。

《国内航空运输承运人赔偿责任限额规定》第三条　国内航空运输承运人(以下简称承运人)应当在下列规定的赔偿责任限额内按照实际损害承担赔偿责任,但是《民用航空法》另有规定的除外:

(一)对每名旅客的赔偿责任限额为人民币 40 万元;

　　（二）对每名旅客随身携带物品的赔偿责任限额为人民币3000元；

　　（三）对旅客托运的行李和对运输的货物的赔偿责任限额，为每公斤人民币100元。

律师提示

　　无过错责任是为了弥补过错责任的不足而设立的制度。只有设立赔偿责任限额，在经济上加以限制才能为人们所接受，否则未免过于苛刻。当然，乘客也可通过保险或者保价获得完全赔偿。

　　在旅客购买意外伤害险的场合，该险种性质上属于商业保险，属旅客自愿购买，是发生在旅客和保险人之间的法律关系，与作为责任人的承运人或经营者无关。所以，一旦发生民用航空器事故，旅客既可以根据保险合同向保险公司主张赔偿，同时又可以根据侵权或违约责任向经营者或承运人主张民事责任。此外，对第三人伤亡的赔偿应该是完全赔偿，不同于对乘客的限制赔偿。

第十章　饲养动物损害责任

78. 狼狗咬伤他人耳朵，侵权责任谁来承担？

生活场景

9月16日中午，谢某夫妇的女儿小娜到小永家叫小永到自己家玩耍。当小永走到谢某家门口时，突然被谢家饲养的大狼狗咬伤耳朵，致小永的右耳廓外缘被咬断。小永被送往医院治疗。医生诊断为右耳廓断裂伤，并为小永施行了手术。10月19日，小永出院。住院期间的医疗费用为10062.41元。出院医嘱：约一个半月后再住院，进行右耳廓缺损修复手术。12月16日，小永再次到该医院住院进行手术治疗。12月26日，小永出院。住院期间的医疗费用为5304.82元。出院医嘱：右耳廓皮瓣上毛发需门诊行2~3次脱毛治疗；右耳廓耳轮需门诊手术修整。后续治疗费用还需8000元。事故发生后，谢某夫妇已支付小永各项费用1100元。因双方未能达成调解协议，小永将谢某夫妇告到法院。

法律智慧

这是一起典型的饲养动物致人损害侵权案件。《侵权责任法》将《民法通则》关于饲养动物致人损害问题的规定从1条增加到7条，区分不同情形进行规定，且独立成章，具有更强的操作性。饲养动物损害责任，是指饲养的动物造成他人损害，动物饲养人、管理人所应当承担的侵权责任。其构成要件包括：（1）须为饲养的动物。即由人工喂养和管束的动物，包括家畜、家禽及蜂、鸟、虫等，也包括驯养的野兽。(2)饲养的动物有侵害他人的事实,如狗咬人、蜜蜂蜇人、猪在奔跑途中撞伤行人等。(3)有损害后果,造成他人财产损失、人身损害。(4)动物的加害行为与他人的损害后果之间存在因果关系。

饲养动物致人损害案件适用无过错责任原则,除非动物饲养人或者管理人能够证明损害是由受害人故意或者重大过失造成的或损害是由第三人引起的,否则就应当承担侵权责任。本案中,谢家喂养的狼狗咬伤了小永的耳朵,给小永造成了人身和财产损害。很明显,谢家狼狗咬人的行为与小永所遭受的损害之间有直接的因果关系。尽管谢某夫妇提出小永擅自推开谢家的围篱并用手中的食物去逗弄被锁在树下的狗,才导致被狗咬伤,但未能提供相应的证据予以证明。因此,谢某夫妇应当承担损害赔偿责任。法院也据此判令谢某夫妇赔偿小永医疗费、护理费、住院伙食补助费、后续医疗费等合共27767.23元,抵除已支付的1100元,实际应支付26667.23元。

法条链接

《侵权责任法》第七十八条　饲养的动物造成他人损害的,动物饲养人或者管理人应当承担侵权责任,但能够证明损害是因被侵权人故意或者重大过失造成的,可以不承担或者减轻责任。

《最高人民法院关于民事诉讼证据的若干规定》第四条　下列侵权诉讼,按照以下规定承担举证责任:……(五)饲养动物致人损害的侵权诉讼,由动物饲养人或者管理人就受害人有过错或者第三人有过错承担举证责任……

律师提示

饲养动物致人损害适用无过错责任原则。也就是说,受害人无须证明动物饲养人、管理人有过错。动物饲养人、管理人如果想要减轻或者免除责任,就应当证明受害人有故意或重大过失的情形。《侵权责任法》对此作了比《民法通则》更严格的规定。《民法通则》规定的是受害人的"过错",而《侵权责任法》规定的是被侵权人存在"故意或者重大过失",如受害人故意殴打、挑逗他人饲养的动物及无视警戒标志、管理人员的劝阻而跨越隔离设施接近他人饲养的动物或盗窃他人动物等情形。

79. 宠物狗电梯里咬人,主人是否应当承担责任?

生活场景

　　某日上午 8 时左右,住在北京某小区 18 楼的张女士带着 6 岁的儿子大宝下楼去上幼儿园。电梯运行到第 10 层的时候,大楼住户李某牵着一只小狗进了电梯。这时,大宝拿着手里的香肠去喂小狗。突然,小狗嘴巴一张,一口咬住了大宝的右手背,顿时鲜血直流,手背上留下了清晰的牙印。事后,张女士向李某提出赔偿,李某说是因为大宝拿着香肠去逗弄小狗,才导致被狗咬伤的,从而拒绝承担赔偿责任。

法律智慧

　　目前,很多地方性法规或规章针对生活中发生较多的狗咬人事件,对犬类饲养做出了规定。(1)限定动物的活动区域。比如规定不得携犬进入市场、学校、医院等公共场所。（2）限定动物的活动时间。比如规定携犬乘坐电梯的，应当避开乘坐电梯的高峰时间。（3）要求饲养人或管理人采取相应的安全措施，如携犬出户时，应当对犬束犬链，由成年人牵领等。但许多动物饲养人和管理人有令不行，并未按照相关管理规定采取安全措施。《侵权责任法》第七十九条对此作了明确规定，如果动物饲养人或管理人违反相关管理规定，未采取安全措施造成他人损害，应当承担侵权责任。本条没有明确受害人的故意或重大过失可以导致责任的减轻或免除。因此，本案中李某不得以张女士没有尽到监护职责而认定张女士有过错主张免责，全部责任应由李某承担，因为他没有依照《北京市养犬管理规定》在乘坐电梯时给狗戴嘴套。

法条链接

《侵权责任法》第七十九条　违反管理规定，未对动物采取安全措施造成他人损害的，动物饲养人或者管理人应当承担侵权责任。

律师提示

目前，全国已有北京、天津、上海、辽宁、河北、山东等20多个省、自治区、直辖市出台了养犬管理的法规。浙江省的杭州、宁波、温州、衢州等市也都发布了相应的管理规定，对饲养人的行为进行了规范，并规定了相应的法律责任。动物饲养人或管理人只要违反管理规定，未对动物采取安全措施造成他人损害的，就要承担责任。《侵权责任法》对这种情形并未规定免责事由。但是，受害人除了按照第七十八条的规定举证以外，还须证明动物饲养人、管理人违反管理规定，未对动物采取安全措施的事实。

80. 烈性犬致人损害,谁应承担侵权责任?

生活场景

　　5 岁的小龙和父母一直租住李某的房屋。李某在其出租房院门口饲养了一只大狗。10 月 19 日 14 时左右,小龙母亲带小龙外出时被李某饲养的大狗咬伤。当日,小龙到医院就诊。经医生诊断为"头皮撕脱裂伤"。治疗建议:(1) 对症治疗;(2) 随诊。22 日,小龙再次到该医院就诊。其间共花费门诊治疗费 473.22 元。10 月 27 日小龙入住医院至同年 11 月 11 日。出院诊断:(1) 头皮撕脱裂伤并感染;(2) 下颚处皮肤裂伤术。住院期间小龙父母支付了住院费 3628.62 元。后区城乡市容环境管理局对此事件处理结果中明确:李某饲养的是一只烈性犬,属该市准养区禁养犬只,该局执法人员根据市《养犬管理条例》第三十七条规定,将伤人犬只没收并送交小动物保护协会,并对李某处以 500 元罚款。同时,小龙父母向李某提出赔偿要求。李某称自家饲养的狗咬伤小龙是事实,但当时狗是拴着的,小龙的父母未看管好孩子,应承担相应责任,表示只能赔偿医疗费和交通费的一半,其他费用不予承担。

法律智慧

　　本案涉及禁止饲养的动物致人损害的侵权责任。《侵权责任法》第八十条规定,只要饲养的动物属于法律禁止饲养的,并且该动物造成了他人损害,饲养人或管理人就应当承担责任,是最严格的无过错责任。受害人无须证明饲养人或管理人有过错,后者也无免责事由。作此规定的原因在于,虽然危险性是多数动物本身固有的特性,但危险动物具有超出一般社会公众可承受程度的异常危险性,比如藏獒、狮、豹、虎,其致人损害的可能性以及损害后果的严重性比其他动物更大。饲养禁止饲养的动物本身就是违法行为,将社会公众人身财产安全置于异常的风险中,就应承担更严格的责任。

对于哪些动物属于禁止饲养的危险动物,应当采取较为客观的判断标准,即看该动物是否属于法律法规或者相关规定禁止饲养的动物。李某饲养的大狗就属于该市准养区内禁养的犬只,李某应当对小龙的损失承担赔偿责任。

法条链接

《侵权责任法》第八十条 禁止饲养的烈性犬等危险动物造成他人损害的,动物饲养人或者管理人应当承担侵权责任。

律师提示

《侵权责任法》该条规定主要是考虑到禁止饲养的危险动物具有高度危险性,饲养人或者管理人的责任不能被随意减轻或免除。尤其是既然规范性法律文件禁止饲养,饲养人仍然饲养,因此要求其承担加重的责任。在这种情形下,受害人除了需要证明侵害事实、损害后果以及因果关系外,还需证明导致其受损害的动物是相关法律法规禁止饲养的,而饲养人或管理人违反规定饲养了该危险动物。

81. 动物园的动物致人损害,动物园应承担侵权责任吗?

生活场景

9月8日上午,4岁男孩小佳由其外祖父家邻居孙某等人带领到杭州某动物园游玩。中午11点左右,孙某带着小佳游玩至猩猩馆,看到有游人踩在台阶上给攀登在铁栏上的大猩猩喂食,小佳感到非常好奇。于是,小佳就由孙某抱着站到猩猩馆前通道的第三级台阶上给猩猩喂面包,就在小佳手刚伸出的一瞬间,惨剧发生了——猩猩突然从铁栏栅处伸出长臂抓住其小手,狠狠地咬了下去。事后,小佳被送至多家医院治疗,其伤情经司法鉴定,已构成十级伤残。见到自己儿子遭受飞来横祸,其父母自然悲痛万分,一纸诉状将动物园告上法院。

法院在审理中认定,经实地勘查,猩猩馆舍的观赏区域防护措施得当,馆舍正面全封闭防爆玻璃高达近 3 米,玻璃前尚有高近 1 米的隔离栏杆,该栏杆离玻璃还有 65 厘米的间距,若游人在栏杆以外观赏猩猩,不可能受到猩猩的伤害。此外,该动物园在出售的门票上、各观赏景点及事发的猩猩馆舍处均印刷或悬挂了提醒游客注意安全、管好孩子、不要给动物喂食等警示语,尽到了应尽的警示义务,从而判决责任由游客自负,动物园无需承担责任。

法律智慧

《侵权责任法》第八十一条对动物园的动物致人损害单独予以规定。在动物园饲养的动物致人损害案件中适用过错推定责任,实行举证责任倒置。也就是说,由动物园对自己无过错负举证责任。当动物园的动物造成他人损害时,如果动物园不能证明自己已尽到管理职责的,就应当承担侵权责任,受害人无须证明动物园有过错。原因在于,一方面普通游客较动物园管理人员缺乏专业知识,让他们证明动物园在管理方面有过错较为困难;另一方面,动物园具有营利性,作为专业饲养动物的单位,应尽到更高层次的注意义务。

判断动物园是否尽到管理职责,可以根据《城市动物园管理规定》等法律法规进行确定。为防范危险,各个动物园一般均制定有内部安全管理规范。通常包括:(1)对动物园的硬件设施进行规范,比如规定猛兽区内拦网的材质、高度、密度必须达到一定标准,动物园需有救援人员、设备并设紧急救助中心以应对突发情况,在猛兽区内设置清晰显著的提醒标志。(2)动物管理人员的安全操作规范,如动物饲养人或管理人应当严格按照规范对动物进行投食、治疗等。(3)紧急情况处理规范。例如在紧急情况下,可以将动物杀死。因此,既然本案中该动物园已尽到管理义务,就可以不承担责任。

法条链接

《侵权责任法》第八十一条　动物园的动物造成他人损害的,动物园应当承担侵权责任,但能够证明尽到管理职责的,不承担责任。

律师提示

动物园包括综合性动物园(水族馆)、专类性动物园、野生动物园、城市公园的动物展区、珍稀濒危动物饲养繁殖研究场所等。动物园是具有社会公益性质、向社会公众开放的公园,如果要求动物园承担的责任过重,可能会导致其增加收费标准,从而增加公众负担。动物园的动物造成他人损害的,动物园承担过错推定责任:即动物园能够证明尽到管理职责的,不承担责任。

作为一个旅游景区,管理单位确实有义务为游客提供安全的游览环境,但游客违反相关的安全管理规定造成自己损害的,动物园如果尽到管理职责的,可以免除责任。本案中,孙某带着小佳到动物园游玩,应负有保证小佳人身安全的义务,但孙某未尽妥善照看之责,违反动物园的规定,放任危险发生,所以孙某对小佳遭受的损害负有过错,应承担相应的责任。

值得一提的是,管理人员、动物饲养员等动物园工作人员被动物园饲养的动物伤害的情况也时有发生,如果符合工伤保险责任的,应当优先按照工伤保险责任进行赔付。

82. 弃狗伤人,原主人仍需承担责任吗?

生活场景

某年秋天,江苏常熟某村农民陈某发现自己家养的狼狗突然变得疯疯癫癫,见人就狂吠,陈某怀疑狗得了狂犬病。由于担心会咬到自家人,陈某干脆就把狗遗弃在村外。没想到过了几个月,村民赵某路过村头时,被突然蹿出来的狼狗咬了一口,大腿上鲜血直流。为此,赵某花去医疗费2237元,还误工了两个月。都是乡里乡亲的,大家都很熟悉,赵某伤愈后直接找到陈某说:"你家的狗把我给咬了,你要赔我医药费。"陈某对狗咬人一事并不否认,但他说:"我早把那条狗给扔了,已不是狗主人了,如今他是条野狗,你被它咬到只能自认倒霉。"看看实在讨不到医疗费,赵某只得把陈某告上法院。最终狗主人陈某被判赔偿赵某医疗费、误工费和交通费等各项损失4375元。

法律智慧

本案涉及遗弃的动物在遗弃期间致人损害的赔偿责任问题。尽管原主人已经放弃了该动物的所有权,但这种损害事实正是由于这种放弃所有权的行为所造成的。此外,饲养的动物逃逸并不是主人放弃了自己的权利,而是暂时地丧失了对该动物的占有和控制。动物的主人在饲养动物时,就使社会公众面临被动物伤害的风险,而动物主人抛弃动物或者动物逃逸更使得这种风险由于动物脱离人的管束和控制而加大,如果该风险得以实现,原饲养人或管理人应当承担民事责任。《侵权责任法》第八十二条对此予以明确。

本案中,"肇事狗"一直为陈某所管理,作为狗的主人,在发现饲养的动物有致人危险的状况时,应当采取一切可能的措施,以避免发生损害他人的后果。但陈某却将狗弃之路旁,置之不理。他的行为使病狗处于无人看管的危险状态中,从而导致了赵某的损害。因此,陈某应当承担侵权责任。

法条链接

《侵权责任法》第八十二条 遗弃、逃逸的动物在遗弃、逃逸期间造成他人损害的,由原动物饲养人或者管理人承担侵权责任。

律师提示

现代生活中,饲养宠物的越来越多。一些宠物或被抛弃,或不慎走失,流浪狗、流浪猫致人损害的事情时有发生。受害人如果提起诉讼要求原主人承担责任的,需要证明其与"肇事动物"之间曾经存在饲养或管理关系。这时往往需要其他人的证明或登记机关的证明文件。此时,受害人可以到动物管理机关查询有关饲养许可或登记。

虽然《侵权责任法》对原动物饲养人或管理人的责任进行了明确,但还应完善动物饲养登记制度。例如,在办理饲养许可证时要求饲养人提供较完备的动物信息,并附以照片。这样,一旦发生纠纷,受害人可以到有关机构查询相关信息,在受害人通过该种方式证明"肇事动物"与对方当事人之间具有饲养管理关系时,除非被告有证据推翻该主张,否则,就应当承担侵权责任。

83. 第三人故意激怒动物致使他人损害的,应当如何分配责任?

生活场景

某日,孙某经过本村村民张某家门口时,看到钱某拿着一块砖头砸向一只拴着的狼狗。狼狗被激怒后,竟然挣脱铁链,见人就追,见人就咬。孙某见状拔腿就跑,但最终因躲避不及,被狼狗咬伤臀部,衣服也被狗咬破。孙某立即报警,派出所接到报警后到现场调查取证,证实孙某被张某饲养的狗咬伤。钱某辩解说张某饲养的狼狗撕咬他家养的哈巴狗,才拿砖块打狗泄愤。派出所召集孙某、钱某和张某三人进行调解,但三方未能达成调解协议。

法律智慧

本案涉及因第三人的过错致使动物造成他人损害的赔偿责任问题。"第三人的过错",包括第三人挑逗、敲打、投喂等行为致使动物侵权,也包括第三人毁坏安全设施和警戒标志,致使动物造成他人人身或财产损害。《侵权责任法》第八十三条规定了动物饲养人或管理人的替代赔偿责任。即使是第三人的过错致使动物造成他人损害的,受害人也可直接要求动物饲养人或者管理人先行赔偿,当然也可以向第三人请求赔偿。这有助于引导普通群众更加谨慎地履行管束职责,更好地保护受害人的权益和救济受害人所受到的损失,因为第三人可能因为经济原因或下落不明等情况不能很好地对受害人进行赔偿。因此,孙某可以要求张某承担全部赔偿责任,也可以要求钱某承担全部赔偿责任。如果张某承担了责任,则有权向有过错的钱某追偿。

法条链接

《侵权责任法》第八十三条 因第三人的过错致使动物造成他人损害的,被侵权人可以向动物饲养人或者管理人请求赔偿,也可以向第三人请求赔偿。动物饲养人或者管理人赔偿后,有权向第三人追偿。

律师提示

在发生因第三人的过错致使动物造成他人损害时,如果不能找到第三人或者不能证明第三人有过错,动物的饲养人或者管理人应当承担责任。

84. 宠物狗扰邻,主人需要承担责任吗?

生活场景

家住杭州市文三路阳光小区的于小姐,最近很怕一个人回家。因为小区里有户人家养了一条体型硕大的狗,模样凶猛,吼声如雷,白天还会跳出来吓人。一到晚上,只要稍有动静,这条狗就狂吠不已,搞得邻居都睡不好觉。于小姐向狗的主人王某投诉,但他声称狗虽然体型大,但性格温驯,不会咬人,至于晚上叫声扰人,他则说狗要叫他也没办法。于小姐等楼里的居民对此很无奈。

法律智慧

饲养动物应当遵守法律,不能对他人的正常生活造成影响和妨碍,这是社会公德的体现,也是对他人的尊重。为了加强饲养动物的管理,更好地规范饲养动物的行为,我国各地都制定了大量的法规,

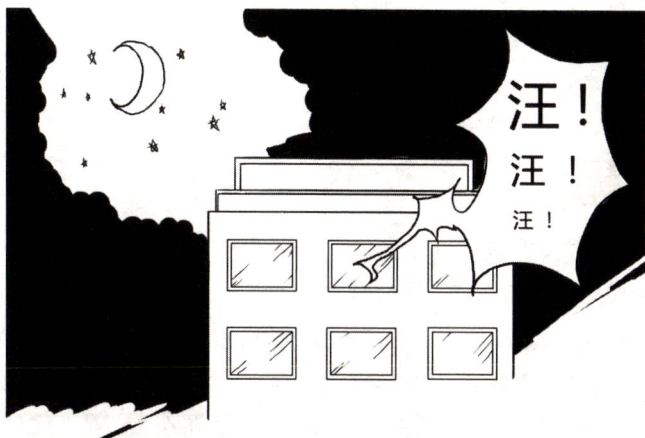

涉及的内容非常广泛,如《杭州市限制养犬规定》(2004 年修正)、《北京市养犬管理规定》(2003)、《上海市犬类管理办法》(1997 年修正)、《广州市养犬管理条例》(2009)等。

《侵权责任法》第八十四条明确规定了饲养动物的基本规则,要求饲养动物不得妨害他人生活。动物饲养人应当规范饲养动物,如饲养的犬只吠叫时,应当及时有效地制止;不得在阳台上饲养犬只;不得携犬乘坐除小型出租汽车以外的公共交通工具;携犬乘坐小型出租汽车时,应征得驾驶员同意,并为犬戴嘴套,或将犬装入犬袋、犬笼或者怀抱等。王某未将饲养的狗拴住,且狗本身体型硕大,具有一定的社会危害性。此外,狗经常狂吠不止,已经影响到邻居的正常生活,余小姐等居民可以到派出所报案,派出所应当受理。

法条链接

　　《侵权责任法》第八十四条　饲养动物应当遵守法律,尊重社会公德,不得妨害他人生活。

　　《治安管理处罚法》第七十五条　饲养动物,干扰他人正常生活的,处警告;警告后不改正的,或者放任动物恐吓他人的,处二百元以上五百元以下罚款。

驱使动物伤害他人的,依照本法第四十三条第一款的规定处罚。

律师提示

饲养动物,既包括城镇居民饲养各种宠物,比如猫、狗、鸟等,也包括农村居民饲养的猫、狗等其他的动物。《侵权责任法》对饲养动物的基本规则做了明确规定。但要注意,这条属于倡导性规定。实践中,如果受害人仅以该条规定为依据起诉,请求赔偿,人民法院一般不予支持。目前还只能依照《治安管理处罚法》给予行政处罚,但如果动物饲养人放任动物甚至驱使动物伤害他人,则不仅可能受到治安处罚,造成严重后果的,还会涉及刑事犯罪。

第十一章　物件损害责任

85. 植物园石灯灯帽脱落致人损害,侵权责任谁来承担?

生活场景

某日,张某与7岁的儿子小立到山东某植物园游玩。在此期间,该园内日本园"防长亭"旁的石灯发生倒塌,其上部的石质灯帽脱落坠地。小立腹部被灯帽砸伤。张某立即将小立送往医院,经抢救无效于当日下午死亡。根据公安机关的刑事科学技术鉴定书,认定小立系因腹部遭外来钝性暴力作用,失血性休克死亡。这些事实有公安机关对证人的询问笔录、公安机关的鉴定书、证人的证言及医院门诊病历等为证。张某夫妇认为植物园作为城市公园,其管理者应当对园内设施加强维护管理,切实保障入园游人的人身安全。但是,管理者未尽到此义务,造成其儿子死亡的严重后果。张某夫妇遂将植

物园管理处告到法院。

法律智慧

本案涉及物件致人损害的侵权责任。《侵权责任法》第八十五条确定了此类案件适用过错推定责任原则,即加害人要证明自己对损害后果的发生没有过错,否则法律即推定其具有过错。当然,受害人还是要先证明致害行为的发生、损害后果及两者之间的因果关系。张某夫妇提供的证人证言、现场照片等证据,可以证明当日下午该石灯发生了倒塌,其顶端的石帽脱落坠地,致使在此处游玩的小立腹部被该石帽砸伤。医院的病历及小立的尸检报告证实其系遭受外来钝性暴力所致失血性休克死亡。公安局对证人的询问笔录等证据,可证明石灯石帽坠落与小立死亡之间有因果关系。以上证据可反映出事故发生的法律事实。另一方面,植物园管理处应承担举证责任,证明自己没有过错。但植物园管理处提供的事故发生当日地震、风力情况及植物园管理制度等证据,均不能证明其对损害的发生没有过错,所以应当承担侵权责任。

法条链接

《侵权责任法》第八十五条 建筑物、构筑物或者其他设施及其搁置物、悬挂物发生脱落、坠落造成他人损害,所有人、管理人或者使用人不能证明自己没有过错的,应当承担侵权责任。所有人、管理人或者使用人赔偿后,有其他责任人的,有权向其他责任人追偿。

律师提示

房屋外墙瓷砖脱落、广告牌坠落、窗玻璃被风刮落、阳台上的花盆掉落砸伤人的事件在日常生活中经常发生。应当注意:

（1）"建筑物"是指人工建造的、固定在土地上，其空间用于居住、生产或者存放物品的设施，如住宅、写字楼、车间、仓库等。"构筑物"通常是指不具备、不包含或提供人类居住功能的人工建造物，如纪念碑、水塔、堤坝、烟囱、道路、桥梁、隧道等。"搁置物、悬挂物"是指搁置、悬挂在建筑物、构筑物或其他设施上，非建筑物、构筑物或其他设施本身组成部分的物品，如搁置在窗台上的花盆、悬挂在天花板上的吊灯、屋顶瓦片等。

（2）《侵权责任法》确定的赔偿义务主体较《民法通则》范围有所扩大，增加了"使用人"这一责任主体。实务中对于因借用、租赁等法律关系而实际控制建筑物或者构筑物并负有相应管理、维护义务的人，发生纠纷时应当是本条规定的赔偿义务人。

（3）如果有"其他责任人"的，所有人、管理人或者使用人承担赔偿责任后，有权向其追偿。因为所有人、管理人或者使用人责任主要是基于对特殊物件在设计、施工以及管理维护等方面存在过错造成的。而进一步详细分析，导致相关特殊物件发生脱落、坠落的直接或者说深层次原因，可能另有其人。比如，设计方案本身的错误或缺陷，施工过程中监理单位及施工单位忽视工程质量等。之所以让所有人、管理人或者使用人先承担责任，是从保护受害人角度出发。而实际上，损害后果客观上应当让真正的侵权人来承担。所有人、管理人或者使用人有权依法向真正的责任人行使追偿权，使自己免于遭受损失。

（4）尽管道路、桥梁、隧道等多为公共设施，其所有权属于国家，但是通常都是根据其用途、性质不同而分别交由一些国有企业等"管理人"进行日常的管理和维护。我国目前将此类问题作为民事特殊侵权处理，而不纳入国家赔偿范围。

86. "楼倒倒",倒了谁?

2009 年 6 月 27 日早晨 5 时 30 分许,上海市闵行区莲花南路罗阳路口西侧,"莲花河畔景苑"小区一栋在建的 13 层住宅楼倒塌,造成 1 名 21 岁的安徽籍建筑工人肖某死亡,直接经济损失 1946 万余元。事故现场附近 130 多户居民被疏散至临时安置点。经事故认定,该楼房倾倒的主要原因是紧贴该楼北侧建筑土方堆积过高;与此同时,紧邻大楼南侧的地下车库,基坑正在开挖,开挖深度 4.6 米,大楼两侧压力差使土体发生水平位移,过大的水平力超过桩基的抗侧能力,导致房屋倾倒。后来,死者肖某生前所在的装潢公司赔偿其家属 77.5 万元。

开
发
商

这就是入围 2009 年房地产市场八大标志性事件的"楼倒倒"案件。《侵权责任法》第八十六条明确将建设单位和施工单位列为责任人,并要求其承担连带责任。这主要是考虑到建设单位和施工单位作为建筑活动的组织者和实施者,应当尽到工程质量和安全的义务。建筑物、构筑物或者其他设施倒塌造成他人损害的,建设单位和施工单位应当承担连带责任。

　　根据《建筑法》和《建设工程质量管理条例》的规定,建设单位的质量责任和义务,包括应当将工程发包给具有相应资质等级的单位;不得将建设工程肢解发包;应当依法对工程建设项目的勘察、设计、施工、监理以及与工程建设有关的重要设备、材料等的采购进行招标等。施工单位的质量责任和义务,包括应当依法取得相应等级资质证书,并在其资质等级许可的范围内承揽工程;不得超越本单位资质等级许可的业务范围或者以其他施工单位名义承揽工程;不得转包或者违法分包工程等;同时还要建立健全教育培训制度,加强对职工的教育培训,未经教育培训或者考核不合格的人员,不得上岗作业。

法条链接

　　《侵权责任法》第八十六条　建筑物、构筑物或者其他设施倒塌造成他人损害的,由建设单位与施工单位承担连带责任。建设单位、施工单位赔偿后,有其他责任人的,有权向其他责任人追偿。

　　因其他责任人的原因,建筑物、构筑物或者其他设施倒塌造成他人损害的,由其他责任人承担侵权责任。

律师提示

　　2009 年,是中国建筑市场极不平静的一年,全国各地发生了多起令人触目惊心的"楼倒倒"、"楼脆脆"、"楼歪歪"等楼房怪现状。这些"豆腐渣工程"揭示出目前国内建筑行业领域内部分建设单位、施工企业以及其他诸如设计、监理等行业盲目追求高额利润,置人民群众利益于不顾,严重侵害人民群众的财产和人身安全的行为。

国家各级政府和有关部门,已经意识到对此类诚信缺失、产生信任危机的行业必须加以整顿治理,促使其朝着健康的轨道发展。《侵权责任法》对此进行了规范,确定了建设单位和施工单位的严格责任。实际上,建设单位和施工单位不仅要承担侵权责任,而且构成刑事犯罪的,还应当依法承担刑事责任。上述建设单位和施工单位的相关负责人还被以重大责任事故罪追究了刑事责任。

当然,建筑物、构筑物等设施倒塌有多种原因,例如是由于年久失修,或业主擅自改变承重结构,这些情形下就不应由建设单位、施工单位承担责任。此外,如果损害后果的发生是由于设计单位或监理单位的过错造成的,建设单位和施工单位在承担了赔偿责任后,可以向其追偿。

87. 从天而降的"烟灰缸"伤人,楼上邻居要"连坐"吗?

生活场景

某日凌晨,市民郝某与朋友李某在一居民楼下谈事。他们所处的位置是临街仅一墙之隔而彼此相连的 65 号楼 6 号房和 67 号楼 3 号房的窗下。只听"啊"的一声,郝某突然倒地。原来一个玻璃烟灰缸(直径为 17.2 厘米,厚 3.3 厘米,重 1.9 千克)从天而降,先是掉到马路边搭建的售货摊的玻纤瓦棚上,接着从棚上滚落到郝某的头上,又从郝某

头上弹到李某的大腿上,最后掉到旁边堆放杂物的木箱上。结果,烟灰缸完好无损,郝某头部却血流如注。

李某喊了郝某几声,见其毫无反应,心里觉得大事不妙,赶紧拨打120,郝某被紧急送往医院抢救。在昏迷7天后,郝某脱险,但留下了严重后遗症,被鉴定为颅骨缺损伤残、智能障碍伤残等,共花去医疗费8万余元。事发后,公安机关进行现场勘察,基本排除了有人故意伤害的可能性,但无法确定烟灰缸为何人所抛。尽管该烟灰缸完好无损,但已被围观群众摸过无法鉴别指纹。侦查员的调查和走访也毫无线索。无奈,郝某将位于出事地点的65号、67号楼的开发商,连同事发期间在65号楼6号房、67号楼3号房2至13层居住的24户人家一起作为被告起诉到法院,要求他们共同赔偿自己医药费、误工费、精神损害赔偿费等各项费用33万余元。当然,郝某开始并不知道全部户主的姓名,而是笼统地将全体户主都列为被告,是法官后来一家家地核实了每一户的实际住户和户主姓名,并排除了无人居住的两户人家。法院经审理认为,因为开发商不是房屋的使用人,不可能有从窗户里往外扔烟灰缸的行为,故不应承担赔偿责任;因难以确定该烟灰缸的所有人,22户住户也不能举证排除自己有扔烟灰缸的可能性,判决22户房屋的实际使用人共同赔偿178233元,各承担8101.5元。22户居民齐声喊冤,在收到判决后均提出上诉,但二审法院维持了原判。

法律智慧

这是建筑物抛掷物致人损害的典型案件。随着高楼大厦拔地而起,建筑物抛掷物或坠落物致害事故屡见不鲜。《侵权责任法》颁布之前,《民法通则》及相关司法解释均未对此类案件的处理作出明确规定。实际上,在"建筑物抛掷物致人损害"事件中,如果能确定具体的"肇事者",则由该"肇事者"承担责任自无异议。但在具体"肇事者"无法确定的情况下,是否由建筑物一定范围内的所有人或使用人对损害承担民事责任曾存在争议。有人主张该类问题不应由责任法加以解决，而应通过社会保障或保险来处理，但针对社会现状，我国目前还无法通过类似北欧国家的做法来解决问题。对此，《侵权责任法》做了较为妥当的规定，首先明确由可能"肇事"的建筑物使用人给予补偿，但也给他们一个权利去举证，证明自己的清白，然后免责。"当一个受害人只要一告状就能获得赔偿的时候，公平的法律也要使得无缘无故被卷进去被怀疑的其他人能够很容易地洗清自己，这才是好的法律。"本案中事发居民楼一共应该住着26户人家，但考虑到住在一层的人不可能越过售货摊的棚子扔出烟灰缸，所以郝某没有起诉住在一层的人。另外，还有2户居民因证明自己事发当晚不在家得以免责，最后由其余不能举证的22户居民承担责任。

法条链接

《侵权责任法》第八十七条　从建筑物中抛掷物品或者从建筑物上坠落的物品造成他人损害，难以确定具体侵权人的，除能够证明自己不是侵权人的外，由可能加害的建筑物使用人给予补偿。

最高人民法院《关于适用〈中华人民共和国民事诉讼法〉若干问题的意见》第七十四条　在诉讼中，当事人对自己提出的主张，有责任提供证据。但在下列侵权诉讼中，对原告提出的侵权事实，被告否认的，由被告负责举证：……（4）建筑物或者其他设施以及建筑物上的搁置物、悬挂物发生倒塌、脱落、坠落致人损害的侵权诉讼……

律师提示

本案发生在2000年5月的重庆，当时引起人们的关注和热议。生活中，建筑物不明抛掷物、坠落物致人损害的情形时有发生，影响较大的还有"济南菜板案"和"深圳玻璃案"等。由于当时缺乏明确的法律依据，人民法院审理此类纠纷时，看法和处理结果并不一致。本案中法院运用举证责任倒置进行了审理，而"济南菜板案"中，受害人被楼上坠落的菜板砸到后当场死亡，因找不到扔菜板的人，受害人子女将该楼二层以上的 15 户居民作为被告诉至法院，要求被告承担赔偿责任。一审、二审法院均以原告无法证明具体的加害人而驳回起诉和上诉。当事人申诉后，山东省高级人民法院经请示最高人民法院，最终判决驳回原告的诉讼请求。

《侵权责任法》首次明确了此类案件的处理规则，确定了一种公平责任。各个可能加害的建筑物使用人之间不承担连带责任，而是按份分别对被侵权人进行补偿，待发现了真正加害人的，可以向真正的加害人进行追偿。采用"补偿"的说法容易为"可能加害人"所接受，即并不直接显示出责任人是出于行为侵权、存在过错才承担赔偿责任的含义，而是自己并无过错情形下，仅在道义上出于对弱势群体受损利益予以补偿。然而，对于类似"连坐"的做法，人们往往不能理解，甚至觉得非常冤枉。其实抛掷物致人损害，在"可能加害人"的范围确定、但是具体加害人无法确定的情况下，受害人相对于众多可能的加害人而言，处于弱势地位。如果非要其明确具体加害人，其损害方能获得赔偿，对受害人而言无疑是雪上加霜。虽然对于那些"非真正加害人"而言令其承担责任有些不公平，不过从以人为本和预防事故发生的角度考虑，应当对最有能力避免损害的人科以责任，这样事故发生的几率将会大大减少。作为建筑物的使用人，更有义务采取必要措施防止或减少损害的发生。如制定公约、社区宣教、树立提请注意的标示、设置栅栏、搭建遮蔽沿棚等，而这些是作为不特定第三人的受害人无法做到的。

此外，在类似纠纷中，如果能够证明发生损害时，自己并不在建筑物中（既然不在现场，就没有实施抛掷物的可能）或证明自己所处的位置客观上不具有造成抛掷物致人损害的可能性时，应当得以免责。

88. 楼道堆放物倒塌致人损害的,应当由谁承担赔偿责任?

生活场景

赵大爷一生勤俭,自从被在城里工作的儿子接过来住以后,闲来无事经常到小区内外转转。每次见着许多人家扔掉的旧箱子、柜子、瓶子等废品的时候,赵大爷总觉得非常可惜。于是他经常把自己觉得还能用的东西往家里捡,日积月累,渐渐地在自家门旁堆成了"废品山"。听到邻居抱怨的小赵也提醒赵大爷尽快把东西清理掉,但赵大爷总觉得舍不得。某日上午,"废品山"突然倒塌了,正巧将经过楼道的邻居王老师的腿砸伤,落下了残疾。王家找到赵大爷,赵大爷却说自己放得很"规整"、"牢靠",肯定是王老师自己把那堆东西碰倒了,不愿意赔偿。王老师一怒之下,将赵大爷诉至法院,要求赵大爷赔偿各项损失。赵大爷在法庭上还是坚持他的说法,但拿不出任何证据。法院最终判决他赔偿王老师医疗费、残疾辅助器具费、护理

肯定是他自己碰倒的!不关我的事!

费、交通费、营养费、住院伙食补助费和残疾赔偿金等共计 30 万元。

法律智慧

　　堆放物倒塌致人损害,也属于典型的物件致害。对于该类致害责任,应当由堆放人承担赔偿责任,除非能够证明自己没有过错,即适用过错推定责任原则。"堆放人"是指堆放行为人,可能是堆放物的所有人或管理人,也可能是其他人。由堆放人承担责任,这主要是考虑到保管、仓储情况下,物品的堆放是由他人进行。此时,所有人或者管理人对于损害的发生没有过错。而且,堆放物倒塌造成损害并非因为物品本身的危险所致,而是堆放过程中的过错所致,因此,不能一律要求所有人或管理人承担责任。

　　本案中,作为堆放人,赵大爷在不能证明自己没有过错的情形下,应当对王老师遭受的损害承担侵权责任。当然,如果赵大爷有充分的证据证明王老师对损害的发生也有过错的,可以根据过失相抵的原则减轻自己的责任。但实际上,赵大爷对自己的主张没有能够提供证据。

法条链接

　　《侵权责任法》第八十八条　堆放物倒塌造成他人损害,堆放人不能证明自己没有过错的,应当承担侵权责任。

　　《最高人民法院关于审理人身损害赔偿案件适用法律若干问题的解释》第十六条　下列情形,适用民法通则第一百二十六条的规定,由所有人或者管理人承担赔偿责任,但能够证明自己没有过错的除外:……(二)堆放物品滚落、滑落或者堆放物倒塌致人损害的……

律师提示

在日常生活中，人们在堆放物品时，应当合理选择堆放地点、堆放高度，要堆放稳固并看好堆放的物品，防止被他人随意挪动，防止他人特别是小孩攀爬，以免对他人造成损害。需要注意《侵权责任法》将堆放物致人损害的责任主体确定为"堆放人"，而没有沿用所有人或者管理人的表述。此外，如果堆放物的倒塌是因地震等不可抗力、第三人故意造成的，堆放人不承担侵权责任。但在这些情形下，仍然需要堆放人举证证明自己对堆放物倒塌致人损害没有过错。堆放人不能证明自己没有过错的，仍然要承担侵权责任。

89. 在公共道路上遗撒物品致人损害，谁来承担侵权责任？

生活场景

2008年10月19日清晨5时50分左右，北京出租车司机佟师傅驾驶出租车由东向西行驶至前门西大街宣武门加油站附近时，车辆突然失控，冲进绿化带后停下。佟师傅忙下车检查，发现车的车身、轮胎、前杠、后杠、车顶、车门、机盖、车灯等均严重受损。罪魁祸首就是刚行驶过的路面上的一堆黄土，土里面还有一大石块。他立即拨打了报警电话。当日车辆被拖至汽车维修服务部修理，佟师傅起诉要求宣武区环境卫生服务中心和北京市市政工程管理处共同赔偿自己承包额损失、误工费及车辆修理费共计1.57万元。

对佟师傅迁怒并起诉宣武区环卫中心一事，环卫中心抗辩说：道路遗撒属于道路环境卫生的突发事件，是施工渣土车突然出现故障遗留下来的，这种事情是他们接到通知才会派人去处理，他们无法预见哪里出现遗撒，不可能在道路上24小时监管道路遗撒，遗撒的执

法权、监督权在城市管理监察大队。事发当日他们接到通知后当即派清扫车进行了清扫。佟师傅作为司机应注意时速并注意道路情况。因此不同意佟师傅的诉讼请求。市政工程管理处也表示：该单位仅负责对市属城市道路进行正常的养护维修，事发路段道路完好，因此不应承担责任。

法律智慧

这是首起因公共道路上遗撒物引发的索赔案件。《侵权责任法》第八十九条规定此种情况下，有关单位或者个人应当承担侵权责任。佟师傅受到的损失是因路面上堆积物造成，非道路本身养护维修不善引起。事发当日宣武环卫中心进行了正常的路面清扫。根据北京市道路遗撒问题的相关处理规定，遗撒问题应由城市管理综合执法组织对遗撒当事人予以处罚，而环卫中心在接到通知后已迅速对事发路段的遗撒问题及时进行了处理。因此佟师傅要求其承担赔偿责任，是没有法律根据的。法院判决驳回了佟师傅对环卫中心和市政工程管理处的诉讼请求。

本案是公共道路障碍物致人损害的侵权纠纷案件。首先，这是一种物件损害责任，侵权人对受害人承担的责任并非因侵权人的行为而产生。其次，责任主体有两类，堆放、倾倒、遗撒行为人的侵权责任和公共道路管理部门的侵权责任，前者适用无过错责任原则，后者适用过错责任原则。在公共道路上堆放、倾倒、遗撒妨碍通行物品与道路管理瑕疵造成受害人的损害,系共同因果关系,两个责任主体相互之间应当承担按份责任。至于确定道路管理部门是否存在过错,就是看其是否已尽到相应的注意义务,发生前后采取的防范制止措施及其巡查能力等。由于环卫中心和市政工程管理处已经尽到了相应的义务,佟师傅只能让在道路上遗撒物品的行为人来承担侵权责任。当然,如果对方证明受害人佟师傅存在重大过失,可减轻赔偿义务人的责任。如果找不到该责任人,目前只能由佟师傅自己来承担损失。

法条链接

《侵权责任法》第八十九条 在公共道路上堆放、倾倒、遗撒妨碍通行的物品造成他人损害的,有关单位或者个人应当承担侵权责任。

律师提示

在公共道路上堆放、倾倒、遗撒妨碍通行的物品造成他人损害的,有两类责任主体。一方面,直接的行为人要承担无过错责任,即不问你主观上是否存在过错,对由此引起的损害后果要承担侵权责任;另一方面,市政、交通、环卫、城市监察大队等相关部门承担的是过错责任,如果已经尽到相应的管理和注意义务的,可以不承担责任。

尽管以目前城市道路清扫工作的特点和技术以及人力、物力、财力的局限决定了城市道路清扫只能采用巡回作业的方式,不可能做到实时清扫,无法保证道路杂物在遗落当时即刻得以清除,但无论如何,相关部门应当在监管和处理上协调统一,完善道路上堆放、倾倒和遗撒的处理机制和应急预案,改进和强化道路监控和报警设备,加大信息公开力度,运用先进的互联网、电话通讯等手段,及时消除道路障碍物造成他人损害的隐患。

90. 林木折断致人损害的,谁来承担赔偿责任?

生活场景

　　某日 16 时 40 分左右,70 岁的林老太踩着人力三轮车,行驶在南宁某县道上。突然遇到台风过境,公路边树枝被风吹折断,掉下来正好打中林老太的头部,林老太当场死亡。事后,林老太的亲属向法院提起诉讼,要求树木的管理者南宁市某公司赔偿经济损失41841.74 元。该公司在法庭上辩称,林老太被公路边树木折断击中死亡是事实,但据广西气象科技服务中心出具的天气证明证实,事发时,当地出现了风速为 21.1 米/秒、风力达 9 级的大风,印证了死者致死是不可抗力造成的。被告公司就此认为,其对林老太的死亡没有任何过错,不应承担任何责任。

法律智慧

　　本案涉及林木致人损害的侵权责任问题,适用过错推定责任原则,即受害人只需证明被告是林木的所有人或管理人、其因被告所有或管理的林木折断而受到损害,无需证明林木的所有人和管理人主观上存在过错。所有人或者管理人作为被告主张自己无过错的,应当举证证明。不能举证证明或举证不充分的,则推定其存在过错,承担相应的侵权责任。

　　林木折断多因自然原因所致,如果林木的所有人或管理人能举证证明自己已尽到维护、管理义务的,可以不承担责任。此案的特殊之处在于,引起损害的原因是不可抗力。这是林木的所有人或管理人的免责事由之一。本案中,南宁某公司已经提供了不可抗力的证据,应当可以免责。但为了安抚受害人的痛苦,主审法官进行了多次调解,双方自愿达成一致协议:该公司当庭补偿 5000 元给林老太的亲属;林老太的亲属自愿放弃了 41841.74 元的诉讼请求,双方对调解结果均感到满意。

法条链接

《侵权责任法》第九十条 因林木折断造成他人损害,林木的所有人或者管理人不能证明自己没有过错的,应当承担侵权责任。

《最高人民法院关于审理人身损害赔偿案件适用法律若干问题的解释》第十六条 下列情形,适用民法通则第一百二十六条的规定,由所有人或者管理人承担赔偿责任,但能够证明自己没有过错的除外:……(三)树木倾倒、折断或者果实坠落致人损害的。

律师提示

日常生活中,林木折断致人损害的事件并不少见,如游客在景区内因林木折断遭受人身和财产损失。林木所有人或管理人援引不可抗力免责时需要注意:一般自然力原因虽属客观情况,但并非不能预见、不能避免并不能克服。另外,如果是因第三人过错,如其他游客为了取景上树直接造成林木折断侵权的,也可以免除林木所有人或管理人的责任,受害游客可以向该第三人主张侵权责任;若林木管理人没有过错而由于游客自身原因,如某树木区域已设置"禁止攀爬"等明显的危险警示标志,游客为了拍摄远景而进入该区域造成林木折断使自己受损的,林木所有人或管理人也不应承担责任。

但是,如果林木所有人、管理人和游客同时存在过错的,例如,游客违反景区规定爬到一棵疏于管理的老树上玩耍而发生树木折断摔伤的,适用过失相抵原则,应适当减轻林木所有人或管理人的责任。

91. 无盖窨井伤人,责任谁来承担?

生活场景

　　7月5日下午,吴女士在上海某路口南面的临时公交车站处候车,公交车进站,吴女士准备上车时,右脚忽然一空,踩进了一个无盖的窨井里,致使左脚卡在窨井口处动弹不得,疼痛难忍。在众人的帮忙下,吴女士被120救护车紧急送往医院救治。后经司法鉴定,结论为因外力作用致左足骨折,最终认定构成十级伤残。吴女士认为,事发时,该路段在建设高架,建设方S公司和施工方Z公司未设警示标志,未采取保障措施,从而导致事故发生,于是诉至法院,要求两公司共同赔偿20余万元。经查明,Z公司与S公司存在承发包关系。Z公司在高架施工时占用了主干道,便在旁边临时开辟了便道以供车辆和行人通行。吴女士述称的事故地点就发生在这条便道上。

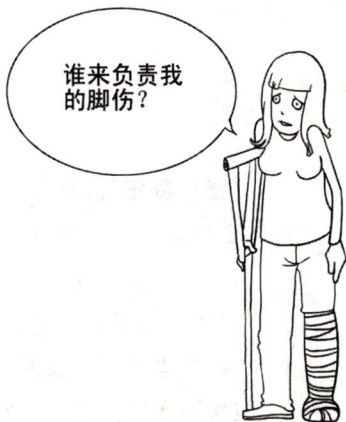

谁来负责我的脚伤?

法律智慧

　　这是窨井等地下设施致人损害的常见案件。《侵权责任法》第九十一条明确规定了地面施工和地下设施致人损害的侵权责任。此类案件也适用过错推定责任原则。施工人作为被告主张自己无过错的,应当举证证明自己已经设置明显标志和采取安全措施;不能举证或者举证不充分的,则推定其存在过错,应承担侵权责任。窨井等地下设施造成他人损害,管理人不能证明尽到管理职责的,应当承担侵权责任。

本案中,肇事无盖窨井位于 Z 公司修建的便道内,存在重大安全隐患。S 公司作为高架建设期间的临时管理养护单位,Z 公司作为实际施工单位,均不能证明自己在维护管理上尽到了合理必要的注意义务,应当共同承担相应的赔偿责任。同时,由于吴女士在视线良好的情况下踩入窨井内,其自身未尽到安全注意义务,应承担30%的责任,法院判令 Z 公司和 S 公司承担70%的责任。

法条链接

《侵权责任法》第九十一条　在公共场所或者道路上挖坑、修缮安装地下设施等,没有设置明显标志和采取安全措施造成他人损害的,施工人应当承担侵权责任。

窨井等地下设施造成他人损害,管理人不能证明尽到管理职责的,应当承担侵权责任。

《最高人民法院关于审理人身损害赔偿案件适用法律若干问题的解释》第十六条　下列情形,适用民法通则第一百二十六条的规定,由所有人或者管理人承担赔偿责任,但能够证明自己没有过错的除外:(一)道路、桥梁、隧道等人工建造的构筑物因维护、管理瑕疵致人损害的……前款第(一)项情形,因设计、施工缺陷造成损害的,由所有人、管理人与设计、施工者承担连带责任。

律师提示

实践中,确定是否"设置明显标志和采取安全措施"时,如果有关法律法规对"明显标志"和"安全措施"的标准作出相应规定的,从其规定;无规定者,按"善良管理人"的注意义务来判断,即施工人是否圈定施工现场、设置横栏、安置警示灯或按照行业施工管理设置其他警示标志,必要时派专人看护或者指挥通行等。当然,如果损害的发生是由于不可抗力、第三人过错和受害人过错造成的,施工人和管理人可以免除或减轻责任。

日常生活中,窨井的管理通常由市政公司负责,其有义务维护好市政设施的安全,确保窨井不会形成潜在的危险。如果是郊区公路上的排水等设施,则由公路主管部门负责,管理部门应当进行日常巡查,发现隐患及时排除,如果因为没有尽到相应的"管理职责",造成他人损害的,管理人需要承担侵权责任。

第十二章 附 则

92. 《侵权责任法》是否具有溯及力？

法律智慧

为给新法实施一定的准备期,由第十一届全国人大第十二次会议于 2009 年 12 月 26 日通过的《侵权责任法》,定于 2010 年 7 月 1 日起生效。

法的生效时间,一般根据其性质和实际需要来决定,主要有以下几种形式。

(1) 自法律公布之日起生效。如 1980 年 9 月 10 日第五届全国人大第三次会议通过的《国籍法》第十八条规定:"本法自公布之日起施行。"

(2) 公布后经一定时间生效。如 2007 年 3 月 16 日第十届全国人大第五次会议通过的《物权法》第二百四十七条规定:"本法自 2007 年 10 月 1 日起施行。"这种形式是我国关于法律生效时间中使用最多的一种形式。《侵权责任法》的生效时间也属于这种形式。

溯及力,又称"溯及既往的效力",就是法律生效以后是否适用于生效以前的问题。如果适用,就表明有溯及力;如果不适用,就表明没有溯及力。《侵权责任法》不具有溯及力。在 2010 年 7 月 1 日后发生的侵权行为所引发的纠纷诉至法院的,才适用该法的规定。在 2010 年 7 月 1 日之前已经受理的侵权纠纷案件、正在审理的二审案件(如果一审受理是在 2010 年 7 月 1 日以前)、2010 年 7 月 1 日前已经作出生效裁判的侵权纠纷案件依法提起再审的,均不适用《侵权责任法》的规定。

法条链接

《**侵权责任法**》**第九十二条**　本法自 2010 年 7 月 1 日起施行。

附录：人身损害赔偿计算公式

1. 医疗费

   医疗费＝医药费＋住院费＋治疗费＋检查费＋挂号费
   ＋其他费用

2. 误工费

   （1）有固定收入的：

   误工费＝受害人工资（元/天）×误工时间（天）

   （2）无固定收入，但受害人能够举证证明其最近三年的平均收入状况的：

   误工费＝受害人最近三年平均收入（元/天）×误工时间（天）

   （3）无固定收入，且不能够举证证明其最近三年的平均收入状况的：

   误工费＝相同或相近行业上一年职工平均工资（元/天）
   ×误工时间（天）

3. 护理费

   （1）护理人员有收入的：

   护理费＝误工费

   （2）护理人员没有收入或者雇用护工的：

   护理费＝当地护工从事同级别护理劳动报酬（元/天）
   ×护理期限（天）

4. 住院伙食补助费

   住院伙食补助费＝当地国家机关一般工作人员出差伙食
   补助标准（元/天）×住院天数

5. 交通费

　　交通费＝往返费用×往返次数×往返人数

6. 住宿费

　　住宿费＝国家机关一般工作人员出差住宿标准(元/天)
　　　　　　×住宿时间(天)

7. 营养费

　　营养费＝实际发生的必要营养费

8. 残疾赔偿金

(1) 受害人不满 60 周岁的：

　　残疾赔偿金＝受诉法院所在地上一年度城镇居民人均可支
　　　　　　配收入(农村居民人均纯收入)×伤残赔偿系
　　　　　　数×20 年

(2) 受害人 60 周岁以上,不满 75 周岁的：

　　残疾赔偿金＝受诉法院所在地上一年度城镇居民人均可支
　　　　　　配收入(农村居民人均纯收入)×伤残赔偿系
　　　　　　数×[20－(受害人实际年龄－60)]年

(3) 受害人 75 周岁以上的：

　　残疾赔偿金＝受诉法院所在地上一年度城镇居民人均可支
　　　　　　配收入(农村居民人均纯收入)×伤残赔偿系
　　　　　　数×5 年

9. 丧葬费

　　丧葬费＝受诉法院所在地上一年度职工月平均工资标准
　　　　　　(元/月)×6 个月

10. 死亡赔偿金

(1) 受害人不满 60 周岁的：

　　死亡赔偿金＝受诉法院所在地上一年度城镇居民人均可支
　　　　　　配收入(农村居民人均纯收入)×20 年

(2) 受害人 60 周岁以上,不满 75 周岁的：

死亡赔偿金＝受诉法院所在地上一年度城镇居民人均可支
配收入（农村居民人均纯收入）×〔20－（受害
人实际年龄－60）〕年

(3) 受害人 75 周岁以上的：

死亡赔偿金＝受诉法院所在地上一年度城镇居民人均可支
配收入（农村居民人均纯收入）×5 年

参考文献

[1] 奚晓明,王利明.侵权责任法执法实务指南[M].北京:人民法院出版社,2010.

[2] 奚晓明,王利明.侵权责任法条文释义[M].北京:人民法院出版社,2010.

[3] 陈现杰.中华人民共和国侵权责任法条文精义与案例解析[M].北京:中国法制出版社,2010.

[4] 王利明.中华人民共和国侵权责任法释义[M].北京:中国法制出版社,2010.

[5] 中国法制出版社.中华人民共和国侵权责任法:案例应用版[M].北京:中国法制出版社,2010.

[6] 李显东.中华人民共和国侵权责任法条文释义与典型案例详解[M].北京:法律出版社,2010.